出口《でぐち》 汪《ひろし》の
日本語論理
トレーニング

基礎編

論理エンジンJr.《ジュニア》

5年

出口 汪＝著

小学館

保護者の方へ

▶ 言葉と人間

私たちは言葉を使ってものを考えます。言葉を使わずに何かを考えようとしても、カオス（混沌）の世界に投げ出されてしまうだけです。

私たちは外界をいったん言葉で整理し、その上で認識し処理するのです。たとえば、暑さを感じるのは犬や猫でも同じですが、言葉を持たない他の動物はそれを「暑い」とは認識できません。いわば私たちは、言葉に置き換えられたものだけを受け止めます。

▶ 論理エンジン Jr.

論理力とは規則に従った方法で言葉を使える能力です。逆に規則に従った言葉は、論理力によって正確に理解することができます。「論理エンジン」は日本で唯一の、本物の論理力養成のためのシステマティックに作られた教材です。本書はその小学生版で、各学年最高の論理力を獲得できるように構成されています。

▶ 本書の構成

本書は言葉の使い方ごとのステップから成り立っていて、各ステップにそれぞれ問題が掲示されています。

問題はどれ一つ同じものはありません。各問題には必ずテーマがあり、さらにはそれぞれの問題には連続性があります。これは一貫した方法によって、子どもたちの頭脳を論理的なものへと変えていくための設問であり、そのために一つひとつの問題の狙いを明確にしました。さらには、どの問題も前の問題と同じものはなく、連続しながらも、必ず何か一つ新しい要素が付け加わっています。

▶ １学年３冊

本書は全３冊のシリーズのうちの基礎編で、まず子どもたちの文に対する意識のあり方、頭の使い方を変えていきます。そのために論理の基礎を理解し、言葉の規則に従って文章を扱う練習をしていきます。

このあとに続く習熟編では、基礎編で学んだことをさらに深く理解し、定着させるトレーニングを行います。そして最後の応用編では、全教科の教科書の記述が無理なく読解できる力、中学入試問題文を読み解く力、そして社会で一般に使われている日本語を読み解き、自分の言葉で考えを発表する力を培う練習をします。

子どもたちの将来のために、論理エンジン Jr. で本物の学力を持たせてあげてください。

はじめに

「論理《ろんり》エンジン」は、キミたちの論理力《ろんりりょく》を徹底的《てっていてき》にきたえるものです。論理《ろんり》とは「すじみちを立てて考える」「すじみちを立てて話す」といったものごとの「すじみち」のことです。

キミたちが学習する国語の問題文では、筆者は読み手がだれだかわからないので、必ずすじみちを立てて文章を書きます。国語力とは、そのすじみちを読み取る力なのです。

国語は論理《ろんり》の教科です。だから、 国語のテストで高得点を取るには、論理力《ろんりりょく》をきたえなければなりません。それには、ただなんとなく文章を読むのではなく、日本語の規則《きそく》を意識《いしき》し、その規則《きそく》にしたがって文章を読まなければなりません。

さらに国語だけでなく、理科も社会も算数も、キミたちが将来《しょうらい》、学習する英語も数学もすべてすじみちを立てて考える必要があります。そういった意味では、「論理《ろんり》エンジン」はすべての科目に必要な論理力《ろんりりょく》をきたえていきます。

しかも、論理力《ろんりりょく》はキミたちが新しい時代を生きていく中で、生涯《しょうがい》にわたってキミたちを助ける強力な武器《ぶき》となります。

本書によって、キミたちがすじみちを立ててものを考える力、論理力《ろんりりょく》を手にして、これからの困難《こんなん》な時代をかけぬけていくことを願っています。

出口 汪

ステップ
0
⇓力だめし
学力テストにチャレンジ！

学習した日
月　日

5年生の論理《ろんり》エンジンの学習を始める前に、力だめしの学力テスト問題にチャレンジしてみよう。

1 「朝の会で行う新しい活動を考えよう」というテーマで、クラスで話し合いをしています。

そこでカズマくんは、（A）のような提案《ていあん》をしました。（B）は、その提案《ていあん》に対するクラスの友達の意見と、カズマくんの考えをまとめたものです。そして（C）は、（B）を受けてカズマくんが発表しようと考えている内容《ないよう》です。これらを読んで、後の問いに答えましょう。

（A）

提案《ていあん》：一日一さつ、『今日の本』をしょうかいする。
→朝の会の最後に、一人が前に出て、友達におすすめしたい本を一さつしょうかいする。本は高学年を対象とした読み物に限《かぎ》る（×図かんやまんが、絵本などはダメ）。
ねらい：読書の楽しみを知り、知識《ちしき》を深める。

（B）

友達の意見 →	カズマの考え
しょうかいする本を、高学年対象の読み物に限定《げんてい》しない方がいいと思う。図かんやまんが、絵本にも、いい本、おすすめしたい本が多くある。	（案）図かん、まんが、絵本もOK （理由） ・図かんやまんが、絵本でも読書の楽しみを知り、知識《ちしき》を深めることができる。 ・しょうかいするのにふさわしい本かどうかは、本人がよく考えて決めればいい。

（C）

ぼくははじめ、文字の多い読み物の方が、読書の楽しみを知るにはよいと考えていました。しかし、友達の意見を受けて、考えが変わりました。そこで、（　　　　　　ア　　　　　　）。

なぜなら、（　　　　　　　　イ　　　　　　　　）と思うからです。

①（　ア　）に入る内容《ないよう》を、（A）（B）の内容《ないよう》をもとに考えて書きましょう。

②（　イ　）に入る内容《ないよう》を、（B）に書かれてある内容《ないよう》をもとに考えて書きましょう。

これは、小学校６年生で受ける「全校学力・学習状況調査《じょうきょうちょうさ》」の「国語」の問題をもとにして作った問題だよ。かんたんだった？　それともむずかしかったかな？　この本の内容《ないよう》をしっかり理解《りかい》すれば、こういう記述《きじゅつ》問題や読解《どっかい》問題も、すらすらと解《と》けるようになっていくはずだよ。いっしょにがんばろう！

ステップ 1

一文の要点（1）

主語と述語《じゅつご》の基本《きほん》

学習した日
月　日

1 次の（　）に入る言葉として適切《てきせつ》なものを後から選びましょう。

とつぜん、まどのそばの時計が
大きな音で（　）。

こわした　置いた
動かした　鳴りだした

論理ポイント

文を読む際《さい》に最も大切なのは、「文の要点」を正しくつかまえることです。

要点とは、「主語」と「述語《じゅつご》」、そして「目的語」など、意味の上で外すことのできない、いくつかの大切な説明の言葉のことです。

1は、主語である「時計が」につながる述語《じゅつご》として適切《てきせつ》な言葉を選ぶ問題ですね。

常《つね》に文の要点を意識《いしき》することで、むずかしい文をすいすい読み解《と》くことができるようになるだけでなく、論理的《ろんりてき》な言葉の使い方ができるようになり、さらには論理的《ろんりてき》な頭の使い方までもが身についていきます。

（　）に入るのは述語《じゅつご》だから、まず主語がどれかを考えると……。

1の答え

2 次の文の主語と述語《じゅつご》をぬき出しましょう。

① この夏の思い出は、きっとぼくの心にいつまでも残るだろう。

主語

述語《じゅつご》

② すごいなあ、あんなにむずかしいテストで満点だった山田さんは。

主語

述語《じゅつご》

③ はげしい雨が、家のまどというまどにようしゃなく打ちつけている。

主語

述語《じゅつご》

答えは「別冊」の３ページに！

ステップ **1**

⇊ 一文の要点（2）

主語の省略《しょうりゃく》

学習した日
月　日

1 次の――部の述語《じゅつご》に対する主語を、文中からぬき出しましょう。主語が文中にない場合は、なしと答えましょう。

そんなに(1)おもしろいのなら、
ぜひ見てみたいものだと
わたしは(2)思いました。

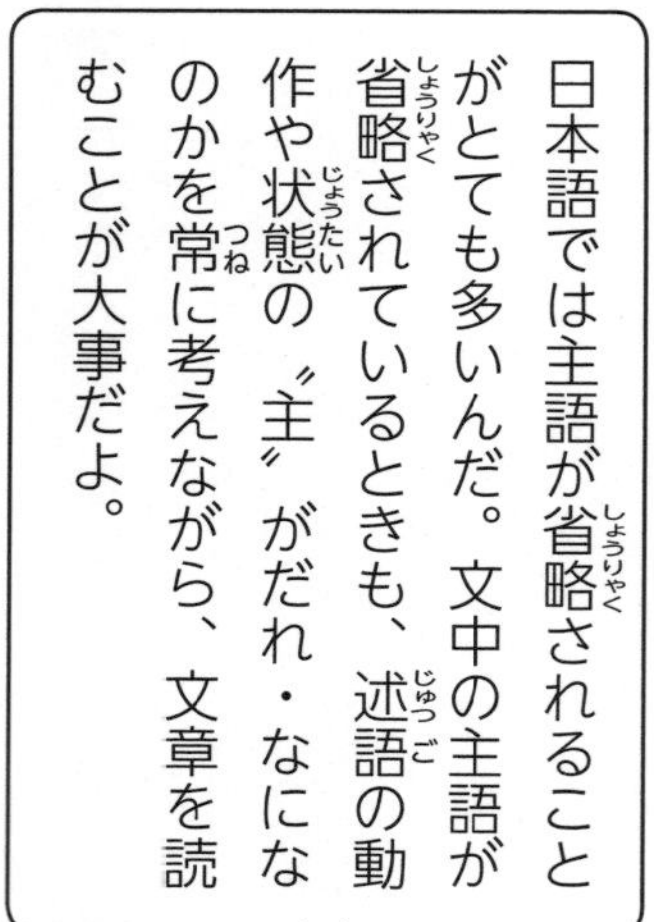

(1)の主語

(2)の主語

2 次の――部の述語《じゅつご》に対する主語を、文中からぬき出しましょう。主語が文中にない場合は、なしと答えましょう。

① こんにちは、あなたには久《ひさ》しぶりにお会いしましたね。

主語

② その問題の答えを、まだきみは知らない。

主語

③ 修学旅行《しゅうがくりょこう》がどんなに楽しかったか、妹に話して聞かせました。

主語

④ ぼくはまだいなかにいるおばあちゃんに会ったことがない。

主語

ステップ **1**

一文の要点（3）

複数《ふくすう》の主語・述語《じゅつご》の関係

1 次の文には、「主語—述語《じゅつご》」の関係が二つあります。
「（主語）—（述語《じゅつご》）」の形でぬき出しましょう。
主語が省略《しょうりゃく》されている場合は、考えて書きましょう。

主語・述語《じゅつご》が複数《ふくすう》になっても、「述語《じゅつご》からさがす」という原則は変わらないのね。

歴史上の人物の中で、徳川家康《とくがわいえやす》がもっともえらいと思う。

一文の中に、「主語」「述語《じゅつご》」の関係はひとつだけとは限《かぎ》らないよ。

(例) 犬の赤ちゃんが生まれたことを、ぼくはお母さんから知らされた。

① [主語] 赤ちゃんが — [述語《じゅつご》] 生まれた

② [主語] ぼくは — [述語《じゅつご》] 知らされた

①
主語
述語《じゅつご》

②
主語
述語《じゅつご》

2 次の文の、——部に対する主語または述語《じゅつご》を文中からぬき出しましょう。文中にない場合は、考えて書きましょう。

① (1)うちゅうは広がり続けていると(2)聞いたことがある。

(1)

(2)

② 祖《そ》父《ふ》母《ぼ》は、(1)ぼくが運動会で活やくしたことをとても(2)喜んでくれた。

(1)

(2)

③ (1)先生は、わたしがピアノを上手に(2)ひけたことを、みんなの前で発表しました。

(1)

(2)

〈〈〈 答えは「別冊」の5ページに！

ステップ **2**

言葉のつながり（1）

言葉のつながりを見ぬく

学習した日　　月　　日

1 例にならって、言葉がそれぞれどの言葉とつながっているのかを考え、→でつなぎましょう。

(例) きれいな　花が　庭に　さいている。

イギリスの　庭園には　美しい　バラが　たくさん　さいている。

論理ポイント

言葉のつながりを見ぬくには、**まず「主語―述語《じゅつご》」の関係を考え、それからほかの言葉とのつながりをおさえます。**1の問題文では、「バラが―さいている」が「主語―述語《じゅつご》」の関係。「イギリスの」は「庭園には」につながります。「美しい」は「バラが」につながります。「たくさん」は「さいている」を説明する言葉です。

2 次の文を読んで、後の問いに答えましょう。

① 飛んでいるよ、 大空に ヒバリの 群《む》れが。

(1) 言葉がそれぞれどの言葉とつながっているのかを考え、→でつなぎましょう。

(2) ①の文の中に、「春の」という言葉を加えたいと思います。入る直後の三文字をぬき出しましょう。

直後の三文字 □

② 今年の 夏休みに、 広島に 住む いとこを たずねた。

(1) 言葉がそれぞれどの言葉とつながっているのかを考え、→でつなぎましょう。

(2) ②の文の中に、「年上の」という言葉を加えたいと思います。入る直後の三文字をぬき出しましょう。

直後の三文字 □

〈〈〈 答えは「別冊」の６ページに！

ステップ 2

言葉のつながり（2）

決まった関係

学習した日　　月　　日

1（　）に入る言葉を後から選びましょう。

①（　）雨がふっても、試合を行います。

②（　）雨がふれば、試合は中止します。

まず　まるで　もし
たとえ　まさか

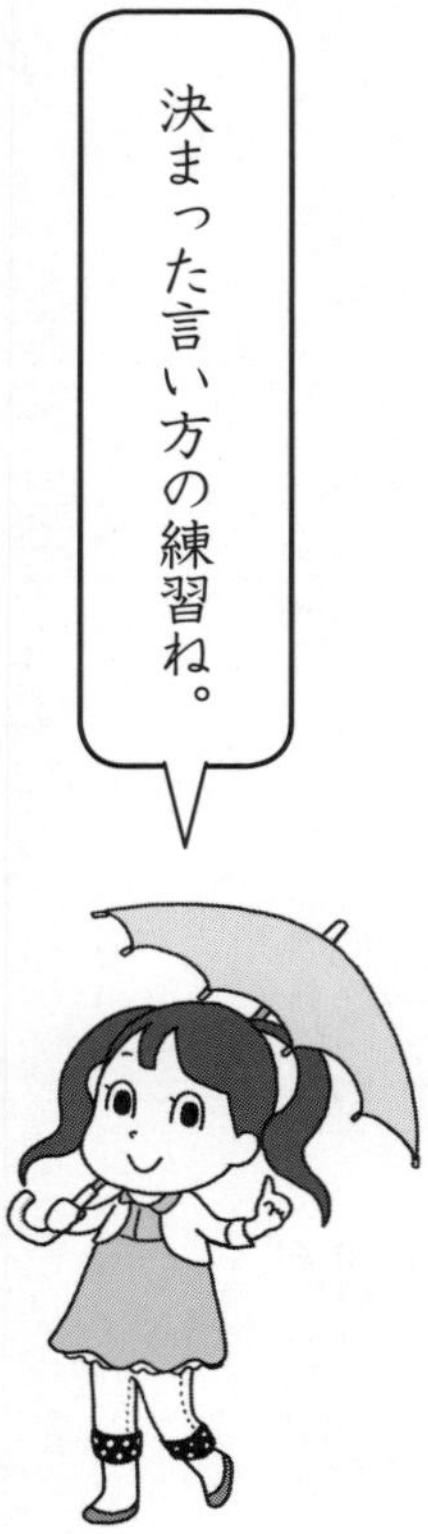

①

②

論理ポイント

「まるで〜ようだ」「もし〜ならば」のように、言葉には、「決まった関係」というものがあります。この関係は、すべての言葉のつながりに優先《ゆうせん》します。こうした関係を「呼応《こおう》の関係」と言います。

2 （　）にあてはまる言葉を、後から選んで書きましょう。言葉はそれぞれ一回しか使えません。

① この次は（　　）遊びに来てください。

② わたしは、この映画《えいが》に（　　）興味《きょうみ》がわかない。

③ （　　）帰らないでもらえませんか。

④ 昨夜の雨は、（　　）バケツをひっくり返したようだった。

⑤ （　　）何が起ころうとも、おどろかない。

たとえ　ぜひ　少しも　どうか　まるで

ステップ 2

⥥言葉のつながり（3）

言葉のならべ方

学習した日

月　日

1 次の文は、ならべる順番をまちがえたため、言葉がうまくつながりません。一か所だけ、言葉をちがう場所に移動《いどう》して、意味が通じるように書き直しましょう。

最近、子どもが朝ごはんを食べずに学校へ来る増《ふ》えているらしい。

言葉のつながりが不自然な場所が一か所あるね…

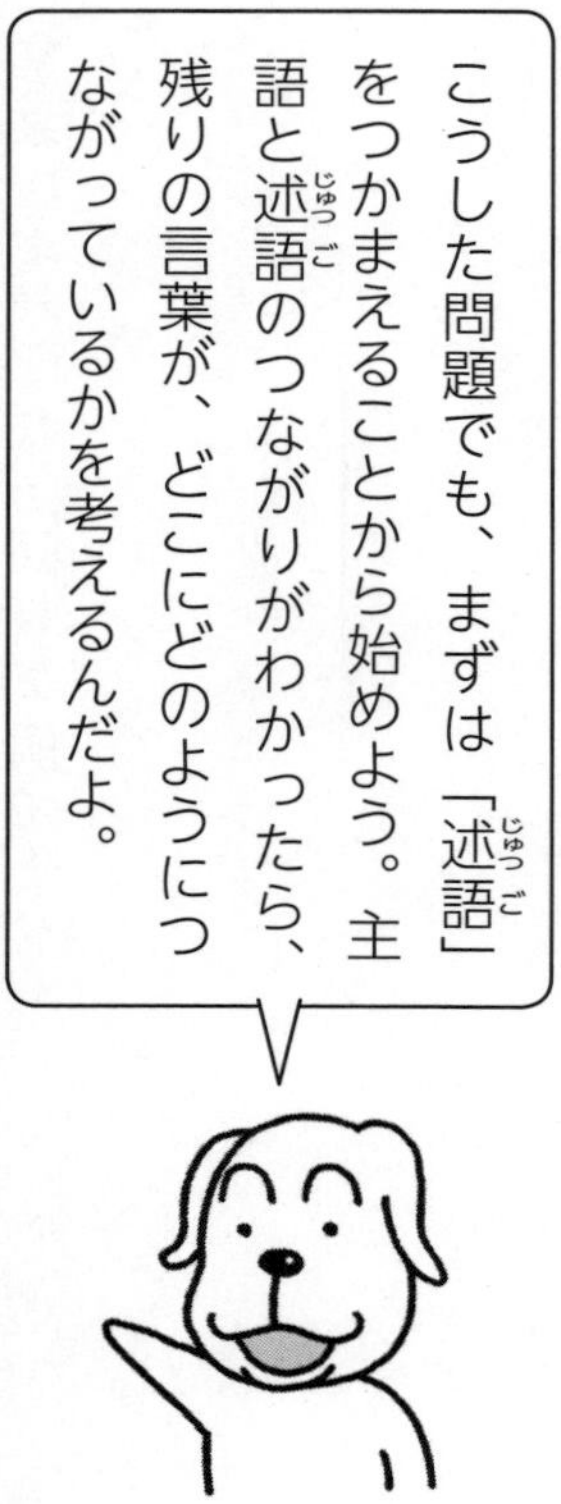

こうした問題でも、まずは「述語《じゅつご》」をつかまえることから始めよう。主語と述語《じゅつご》のつながりがわかったら、残りの言葉が、どこにどのようにつながっているかを考えるんだよ。

2　次の文は、ならべ方がまちがっています。言葉の順番をならべかえ、正しい文に直しましょう。

① 本を読むことで、世の中のたくさん動きが自分で理《り》解《かい》できるようになる。

② わからないことがあったら、インターネットを調べるように使ってしている。

③ オタマジャクシで泳いでいるのは、とびはねているのはカエルです。

〈〈〈 答えは「別冊」の8ページに！

ステップ **2**

言葉のつながり（4）

読《とう》点《てん》の打ち方

学習した日　月　日

1 けいたい電話に、お母さんから次のようなメールがとどきました。しかし、文面は二通りの意味に読みとることができます。イラストに合う意味になるように、適当《てきとう》な位置に読点《とうてん》を一つ入れて書き直しましょう。

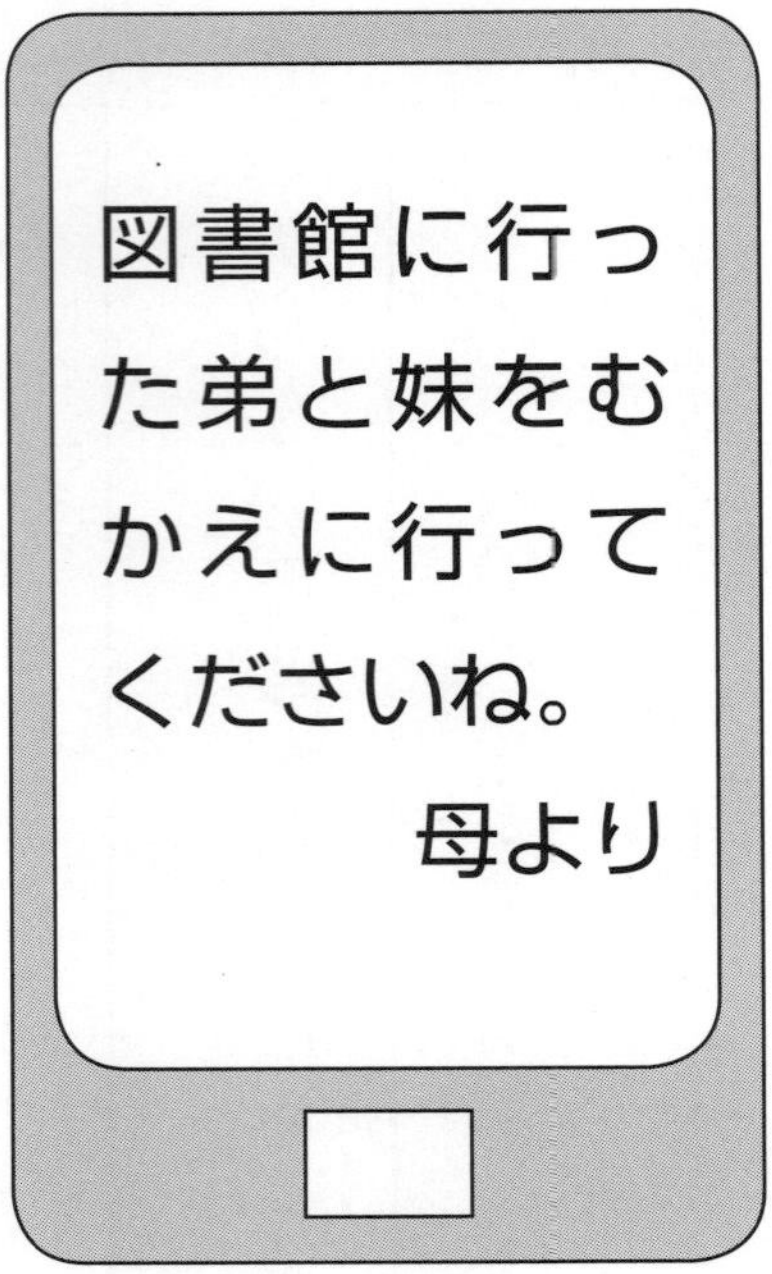

①

②

論理ポイント

問の文は、言葉のつなげ方がまずいため、「図書館に行った弟」と自分とで「妹を」むかえに行くのか、「図書館に行った弟と妹」をむかえに行くのかがはっきりしません。ここで重要なはたらきをするのが「、(読点《とうてん》)」です。**読点《とうてん》を正しく使い、意図することが正確《せいかく》に伝わる文を書けるようになりましょう。**

2 次の文は、言葉のつながり方がはっきりせず、言い表そうとすることがあいまいになっています。（　）の条件に合うように、適当《てきとう》な位置に「、（読点《とうてん》）」を一つ入れて書き直しましょう。

① とてもユニークなえいがの解説《かいせつ》を聞いた。（ユニークなのはえいが）

② 父からプレゼントされたバッグの中の財布《さいふ》を母は取り出した。（プレゼントされたのは財布《さいふ》）

ステップ

3

助詞《じょし》の識別《しきべつ》

助動詞《じょどうし》と助詞《じょし》の使い方（1）

学習した日 月 日

1 学校のけいじ板に、次のようなプリントがはってありました。プリントの内容《ないよう》を読んで、下の問題に答えましょう。

保健《ほけん》だより 12月

校内でかぜがはやっています。今週は、クラスで10人(1)も、かぜでお休みしました。

来週は、今週(2)（ほど／だけ）には気温が下がらないようですが、あいかわらず寒い日が続きます。引き続き手あらい・うがいをしっかりとし、健康で元気に過《す》ごしましょう。

① (1)――の「も」には、この文章を書いた人のどのような気持ちがこめられていますか。考えて書きましょう。

② (2)――のうち、正しい方を選び、〇で囲みましょう。

論理ポイント

助詞《じょし》は、言葉と言葉をつなげるだけでなく、文の意味を決定づける重要な役わりをはたしています。たとえば、問の文の「も」はたったの一語ですが、そこからは、筆者は10人という人数を「とても多い」と感じていることが伝わってきますね。**助詞《じょし》を正しく使えるようになると、文の読み書きがぐっと豊《ゆた》かなものになるのです。**

2 次の文の□に入るひらがなを後から選んで書き入れましょう。同じひらがなを何回使ってもかまいません。

① この山に□、毎年冬休み□近くなると、近く□小学校の子どもたち□十人ほど、スキー□楽しむため□やってくる。

② 先生□、「わたしたち日本人□、日本語□使って読み、書き、話し、そして考える。だからこそ、日本語□正しく使えるよう□なること□大切さは、どれほど強調して□強調しすぎること□ない」□おっしゃった。

は が の を に も と

ステップ 3

助動詞《じょどうし》と助詞《じょし》の使い方（2）

助動詞《じょどうし》の識別《しきべつ》

学習した日　　月　　日

1 次の文で、「話し手の考え」がより表れているのは、(ア)(イ)のどちらでしょうか。

(ア) 朝から体調が悪くて、どうやら熱もありそうだ。

(イ) 朝から体調が悪くて、どうやら熱もあるそうだ。

論理ポイント

同じように「そうだ」という助動詞《じょどうし》で終わっている文ですが、(ア)は自分で考えて判断《はんだん》したという意味に、一方の(イ)はだれか他の人に聞いたという意味になります。このように助動詞《じょどうし》は助詞《じょし》と同様、文の意味を決定づける働きがあります。

話し手の考えが表れているのは □

2 次の文で、A・Bの文を比《くら》べた場合、Bの文にはどのような意味が付け足されていますか。考えて答えましょう。

①
A ろうかに立つ。
B ろうかに立たせる。

付け足された意味

②
A この問題はとてもやさしい。
B この問題はとてもやさしいらしい。

付け足された意味

③
A 夏休みには、本を十さつ読む。
B 夏休みには、本を十さつ読みたい。

付け足された意味

ステップ 3

助動詞《じょどうし》と助詞《じょし》の使い方（3）

助詞《じょし》と助動詞《じょどうし》のはたらき

学習した日　月　日

1 ――部の助詞《じょし》・助動詞《じょどうし》の働きとして最も適当《てきとう》なものを下から選び、記号で答えましょう。

人魚は、南の方の海に(1)ばかり棲《す》んでいるのではありませ(2)ん。北の海に(3)も棲《す》んでいたのであります。

北方《ほっぽう》の海の色は、青うござい(4)ました。あるとき、岩の上に、女の人魚があがって、あたりの景色をながめ(5)ながら休んでいまし(6)た。

（小川未明《おがわみめい》『赤い蝋燭《ろうそく》と人魚』より）

ア　同時に行なわれる意味を表すもの
イ　こうだろうと想像《そうぞう》する意味を表すもの
ウ　過去《かこ》のことを表すもの
エ　限定《げんてい》の意味を表すもの
オ　ていねいな言い方
カ　他にもあることを表すもの
キ　打ち消しを表すもの

(1)　(2)　(3)　(4)　(5)　(6)

助詞《じょし》や助動詞《じょどうし》が文の表現《ひょうげん》を豊《ゆた》かにしてくれていることを確《たし》かめよう。

② 次の文を読んで、下の問いに答えましょう。

（右ページの話の続きです。子を身ごもっている人魚は、自分の子には、暗く冷たい海の中ではなく、人間の世界で暮《く》らしてほしいと願っていました。）

幸い、私《わたし》たちは、みんなよく顔が人間に似《に》ている(1)□□□でなく、胴《どう》から上は人間そのままなのであるから――魚や獣《けもの》の世界で(2)さえ、暮《く》らさ(3)れるところを思えば――人間の世界で暮《く》らされ(4)□□ことはない。

（小川未明《おがわみめい》『赤い蝋燭《ろうそく》と人魚』より）

① (1)と(4)の□にひらがなを入れて文を完成させましょう。

(1) □□□

(4) □□

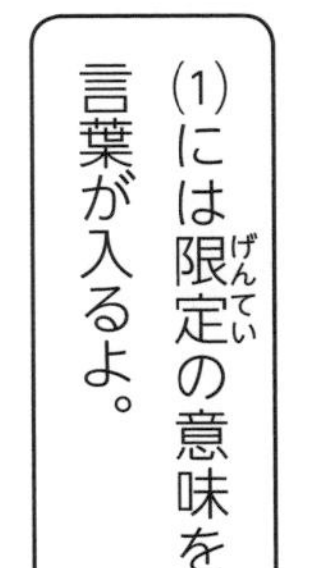

② (2)――の「さえ」は、例を強調し、ほかのものは当然であると予測《よそく》させる言葉です。同じような意味を表す二字の言葉を考えて書きましょう。

□

③ (3)――の「れる」と同じ働きをもつものを次から選び、記号に丸をつけましょう。

ア　これならすぐに覚えられる。

イ　先生が家庭ほうもんに来られる。

ウ　父にはおこられることが多い。

ステップ
4

一文の論理《ろんり》構造《こうぞう》と要点（1）

一文の分解《ぶんかい》

学習した日　　月　　日

1 次の文は、一文が長すぎて意味がわかりづらくなっています。この文を四つに分けて、それぞれ主語と述《じゅつ》語《ご》のある文の形に直して書きましょう。省略《しょうりゃく》されている主語もおぎなって書きましょう。

ぼくも地球かん境《きょう》のために何かしたいと思ったが、いいアイデアが思いつかなかったので、まず家でのゴミの分別をてっていすることにし、分別のしかたを町のホームページで調べた。

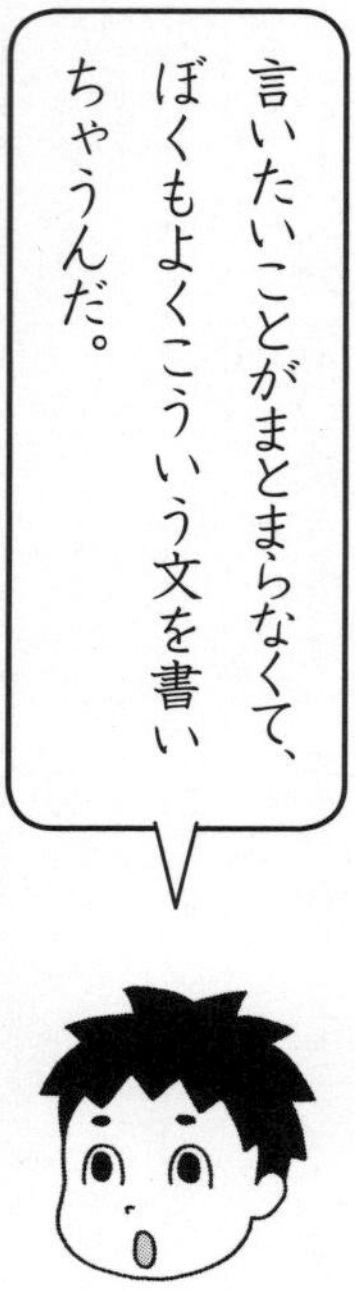
言いたいことがまとまらなくて、ぼくもよくこういう文を書いちゃうんだ。

2 次の文を三つに分けて、それぞれ主語と述語《じゅつご》のある文の形に直して書きましょう。省略《しょうりゃく》されている主語もおぎなって書きましょう。

むすめは、自分の思いつきで、きれいな絵をかいたら、みんなが喜んで、ろうそくを買うだろうと思いましたから、そのことをおじいさんに話しますと、そんならおまえの好きな絵を、ためしにかいてみるがいいと答えました。

（小川未明《おがわみめい》『赤い蝋燭《ろうそく》と人魚』より）

論理ポイント

これまで学んできた「主語と述語《じゅつご》」や「言葉のつながり」をもとに、一文の構造《こうぞう》をつかまえていきましょう。長い一文も、こうやって短い文に分けていけば、文の構造《こうぞう》がすっきりと見えてきます。

ステップ 4

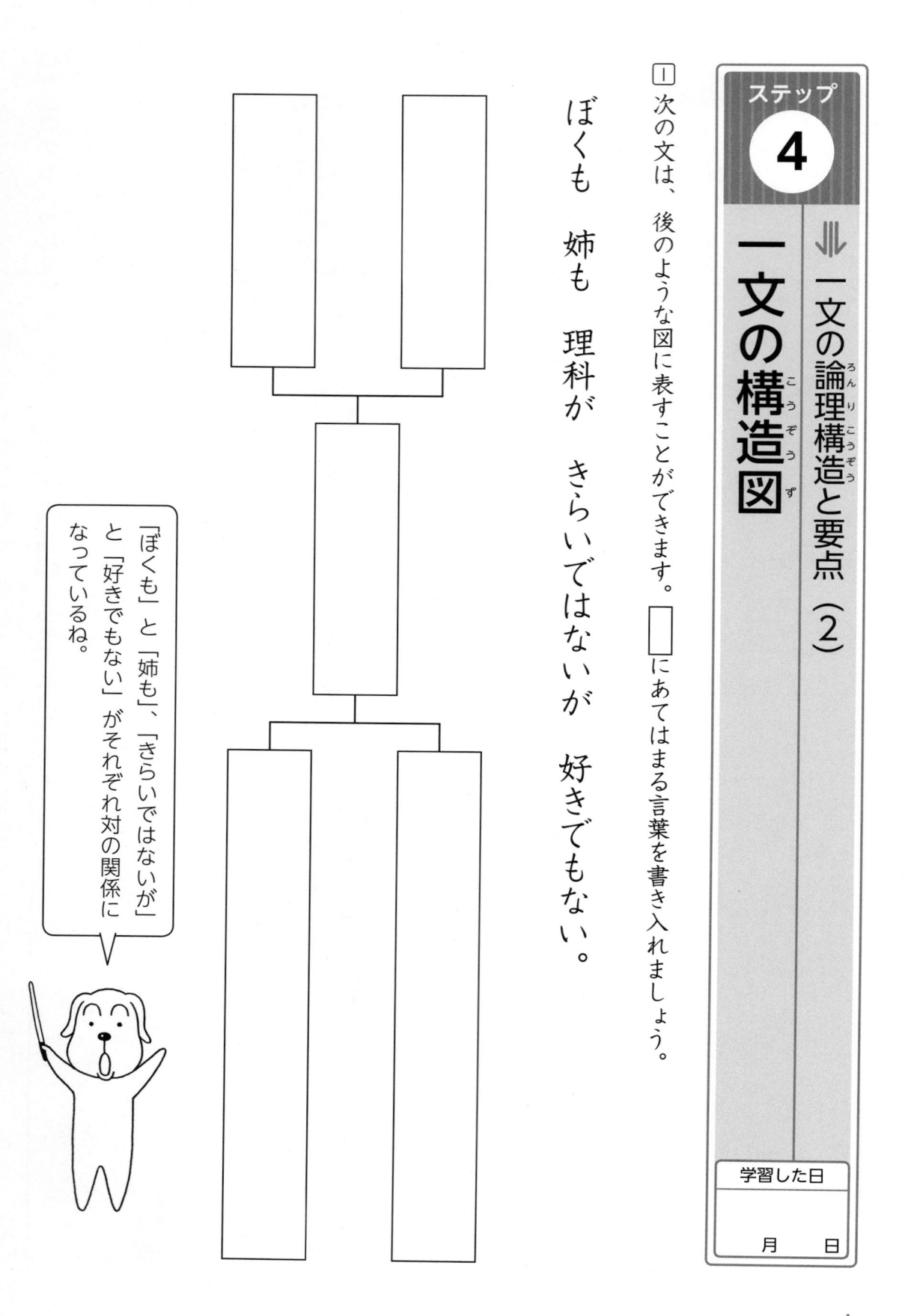

一文の論理《ろんり》構造《こうぞう》と要点（2）

一文の構造図《こうぞうず》

1 次の文は、後のような図に表すことができます。□にあてはまる言葉を書き入れましょう。

ぼくも　姉も　理科が　きらいではないが　好きでもない。

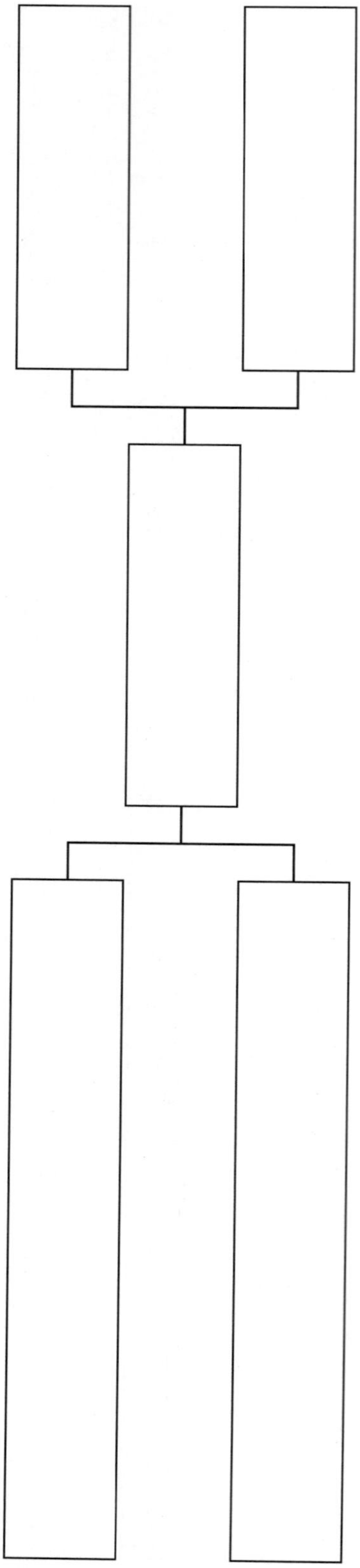

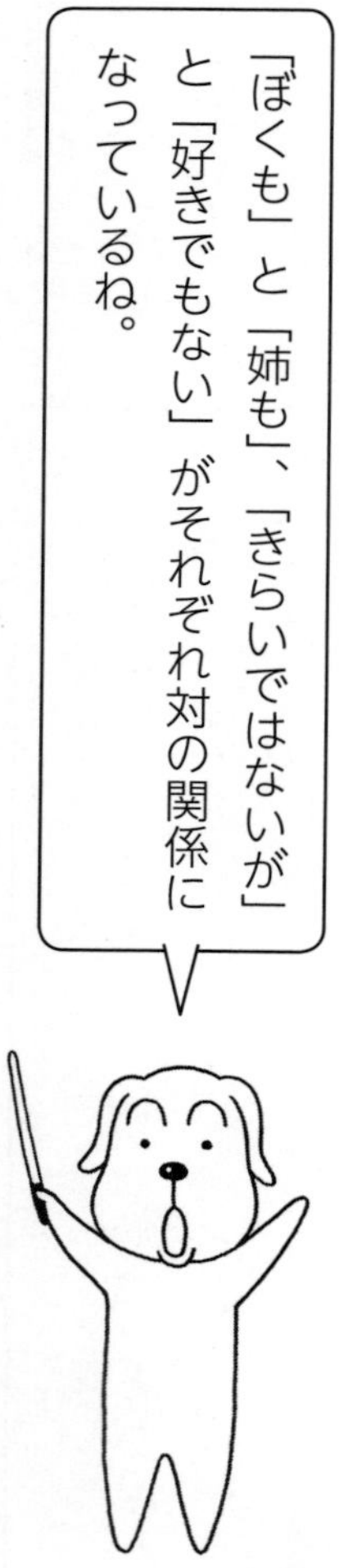
「ぼくも」と「姉も」、「きらいではないが」と「好きでもない」がそれぞれ対の関係になっているね。

学習した日　　月　　日

2 次の文は、後のような図に表すことができます。□にあてはまる言葉を書き入れましょう。

トンネルを　ぬけると　白い　美しい　雪景色が　見えてきた。

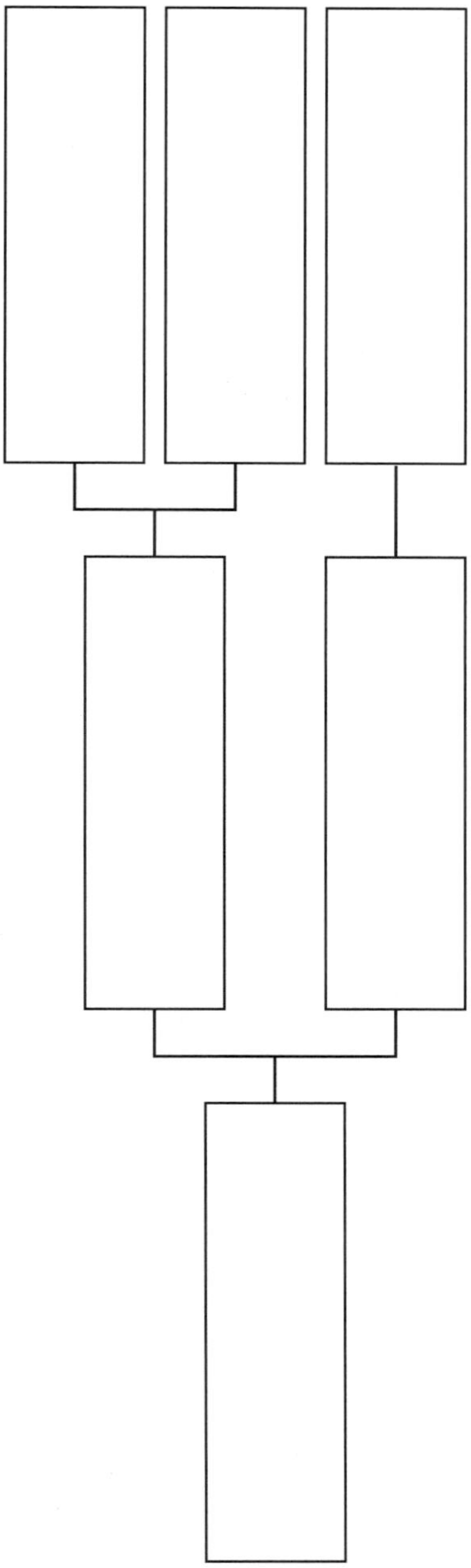

3 次のような構造《こうぞう》をもつ文を考え、□に言葉を書き入れましょう。

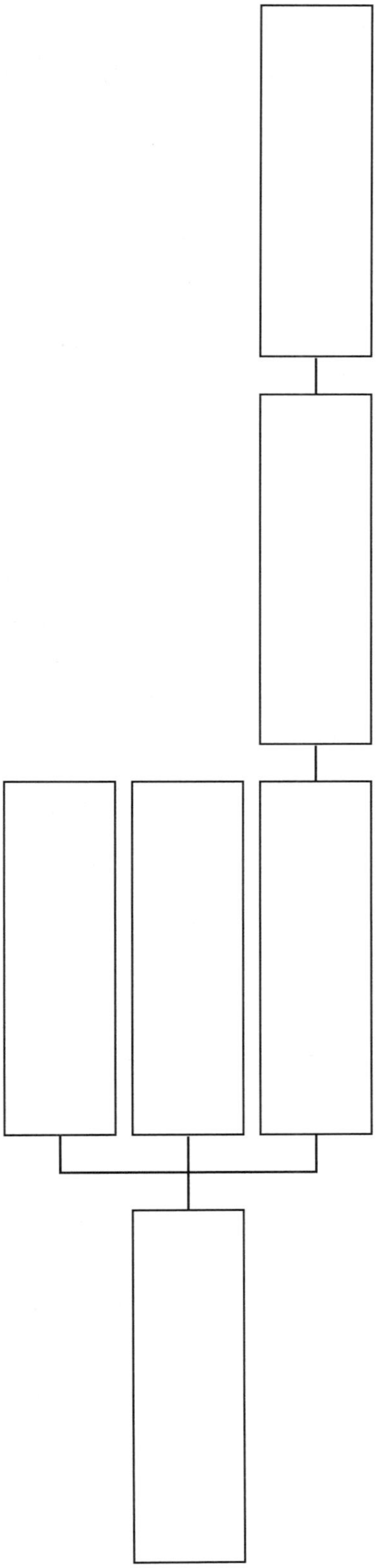

ステップ 4

一文の論理《ろんり》構造《こうぞう》と要点（3）

要点をまとめる

学習した日

月　　日

1 次の文から要点をぬき出し、下のます目に合うように書き入れましょう。

両親は言葉を話せる人間となったボクを心から祝福してくれた。

（乙武洋匡《おとたけひろただ》『五体不満足　完全版《かんぜんばん》』講談社《こうだんしゃ》より）

論理ポイント

文の要点を発見し、指定された字数でまとめることは、記述《きじゅつ》問題や要約問題への第一歩です。まずは「主語」と「述語《じゅつご》」をおさえましょう。

でもそれだけでは意味が通じないこともあるので、必要に応《おう》じて言葉をおぎないましょう。

文の要点

□□は□□□□□

□□□□□。

要点をつかむには、まず、主語と述語《じゅつご》を見つけるんだったわね…。

2 次の文の要点を、①②は十五字以内、③は二十五字以内でまとめましょう。

※習っていない漢字は、ひらがなで書いてもかまいません。

① 怒《いか》り心頭のボクは机《つくえ》まで駆《か》け寄《よ》ると、体当たりで机《つくえ》をひっくり返す。

② 父も、そんなボクがおもしろかったらしく、四角い木に絵が描《か》いてある積み木を買ってきて「レッスン」を開始した。

③ 幼稚園《ようちえん》でリーダーを気取っていたことからも分かるように、当時のボクは鼻っ柱が強く、友達と衝突《しょうとつ》することも少なくなかった。

ステップ **5**

一文の変形と作文（1）

言葉の組み合わせ

学習した日　月　日

1 次の三つの語を使って、ます目に合わせて文を二つ作りましょう。

① 夢《ゆめ》　外国　行く

。

。

② きれい　海　色

。

。

言葉のつながりや規則《きそく》を意識《いしき》することが大切だよ。

② 例を参考にして、Aのグループのカードと Bのグループのカードを組み合わせて文を作りましょう。すべて、体に関係のある言葉を使った慣用句《かんようく》になります。

A

うで　顔　目　指　むね

B

鳴る　広い　こがす　くわえる　うたがう

(例) 目をうたがう

言葉をつなぐためには、助詞《じょし》を正しく使う必要があるよ。

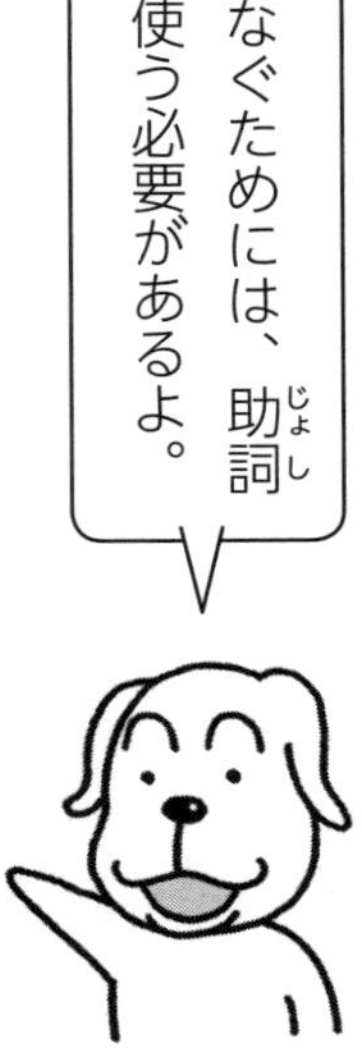

ステップ 5

一文の変形と作文（2）

いらない言葉

学習した日　　月　　日

1 言葉の書かれたカードがバラバラに落ちています。正しい順序《じゅんじょ》にならべて、一つの文を作りましょう。ただし、不必要なカードが二つあります。

指名してくるので

先生は

まったく

気が

いきなり

授業中《じゅぎょうちゅう》に

ねむくなるので

ゆっくり

ぬけない

ならべかえてできた文

論理ポイント

「まったく―ない」という言葉のつながりは決まりです。あとは、「まったく―ない」ことの理由を示《しめ》す言葉として、「指名してくるので」と「ねむくなるので」のどちらがあてはまるかを考えましょう。

2 次の言葉を正しい順序《じゅんじょ》にならべかえて、一つの文を作りましょう。ただし、不必要な言葉が二つずつあります。

①

生きている　たがいに
できない　助けたり
わたしたちは　しながら
助けられたり　しても

ならべかえてできた文

②

なって　君たちには
役に立つ　人間が
りっぱな　人間に
みたい　ほしい
社会の　ぜひ

ならべかえてできた文

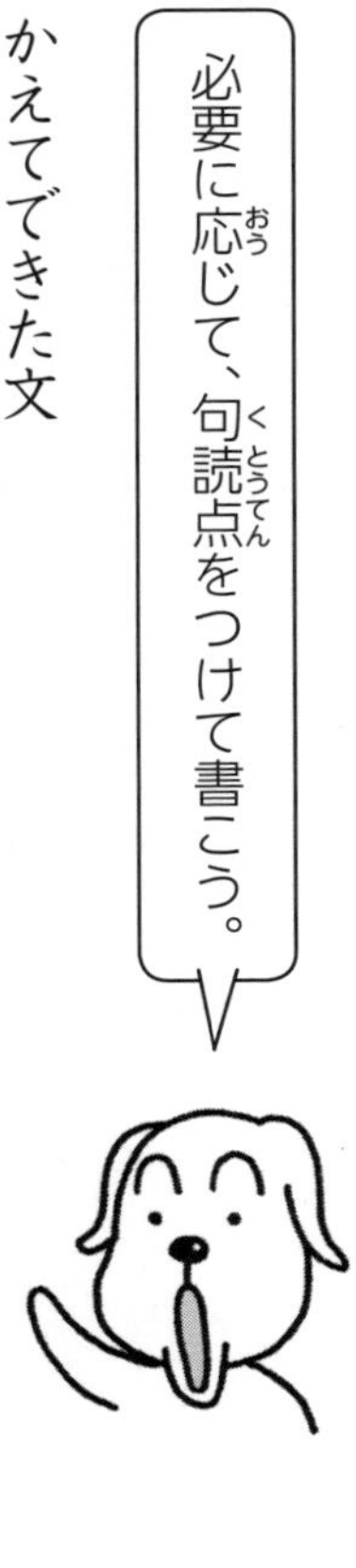
必要に応《おう》じて、句読点《くとうてん》をつけて書こう。

ステップ 5

文の書きかえ

一文の変形と作文 (3)

学習した日　月　日

1 次の文を、――線部を主語にして書きかえましょう。

① 母はわたしたちをきびしくしかった。

② 先週の台風で、桜《さくら》の木の花はすっかり落ちてしまった。

③ 先生のかけ声に、わたしたちはとても勇気づけられた。

論理ポイント

主語が変われば、述語《じゅつご》も変わります。①は、「母は―しかった」が主語と述語《じゅつご》でしたが、「わたしたち」を主語にすると、述語《じゅつご》は「しかられた」となります。②、③も述語《じゅつご》の変化に気をつけて考えましょう。

①

②

③

2 次の――線部(1)・(2)の文を、それぞれの指示《しじ》にしたがって書きかえましょう。

(1)ノーベル賞はダイナマイトの発明者であるアルフレッド・ノーベルのゆい言にもとづいて設立《せつりつ》されました。物理学賞、化学賞、生理学・医学賞、文学賞、平和賞、経済学《けいざいがく》賞の６つの賞があり、(2)文学賞はスウェーデン・アカデミーにより選考が行われます。日本人では、川端康成《かわばたやすなり》と大江健三郎《おおえけんざぶろう》の２名が、このノーベル文学賞を受賞しています。

(1)「ノーベル賞です。」で終わる文にする。

(2)「スウェーデン・アカデミー」を主語にする。

ステップ 5

一文の変形と作文（4）

文を組み合わせる

学習した日　月　日

1 日本の都道府県について調べています。Aの文がBの文の——線部につながるようにして、一文にまとめましょう。

① 山形県

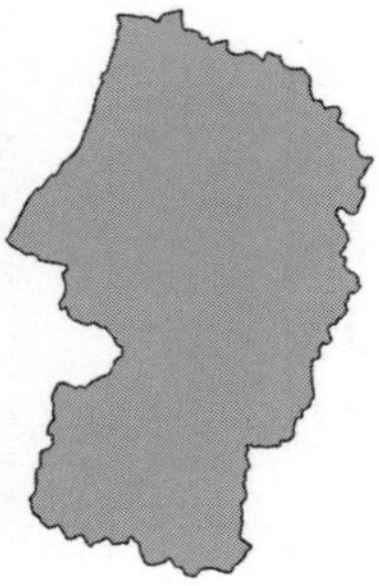

A 山形県はくだもののさいばいがさかんである。

B 山形県はさくらんぼの生産量が日本一である。

② 長野県

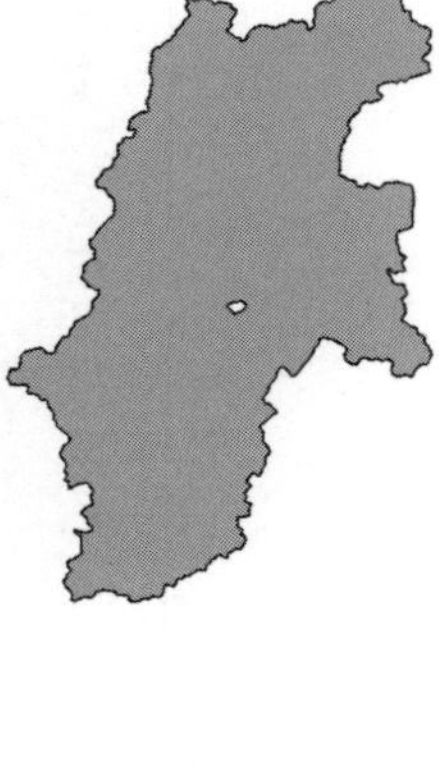

A 長野県は中部地方に位置している。

B 長野県には、日本アルプスとよばれる山脈が走っている。

2 日本の都道府県について調べています。Aの文がBの文の――線部につながるようにして、一文にまとめましょう。

① 愛知県

A 愛知県の県ちょう所在地《しょざいち》は名古屋市である。

B 名古屋市は中京工業地帯の中心で、製造業《せいぞうぎょう》がさかんだ。

② 岩手県

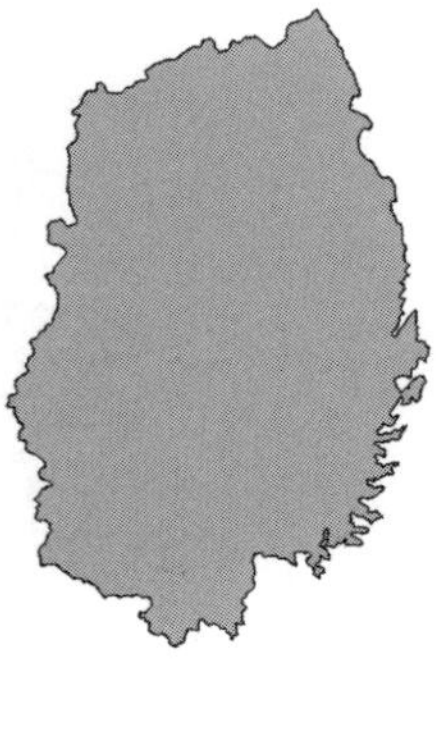

A 岩手県の太平洋側には三陸海岸がある。

B 三陸海岸の周辺は、世界有数の漁場として知られている。

ステップ 6

指示語《しじご》と接続語《せつぞくご》（1）

指示語《しじご》の内容《ないよう》をぬき出す

学習した日
月　日

1 次の――線部「あれ」が指す内容《ないよう》を、文中からぬき出しましょう。

「子犬が生まれたから、見にいらっしゃい」

　ある日、近所に住むおばさんから、つとむくんにこんな電話がかかってきました。つとむくんは動物が大好き。すぐに、けんたくんもさそって見にいくことにしました。

「いらっしゃい、よく来たわね」

「おばさん、犬はどこ？」

　待ちきれないつとむくんは、あたりをきょろきょろ見回します。

「もしかして、あれの中？」

　居間に置いてある大きな段ボール箱に目がとまりました。すかさず、かけよります。

「うわー、かわいいなあ！」

　箱をのぞきこんでみると、そこには七ひきの子犬がいました。

答え

② 次の――線部「それ」が指す内容《ないよう》を文中からさがし、□にあてはまる言葉を書きましょう。

（前のページの話の続きです）

その日の夕食の時間、お母さんがつとむ君にこうたずねました。

「おばさんちの子犬、もらってくれる人をさがしているんですって？　つとむ、どうする？」

「ほしい！」

つとむ君は、もちろん、まよわずそう答えました。

お母さんはまじめな顔でうなずきます。

「わかったわ。でもね、家族の一員として、責任をもって育てること。それだけは約束してほしいの。できる？」

「うん、もちろん。まかせてよ！」

こうしてつとむくんは、ずっとあこがれていた、犬を飼うことになったのです。

答え

□を□として□こと。

論理ポイント

同じ内容《ないよう》のくり返しをさけるために使う言葉が「指《し》示語《じご》」です。

指示語《しじご》が指している内容《ないよう》をさがすときは、まず指示《しじ》語《ご》の前からさがすのが鉄則《てっそく》。

なければ、指示語《しじご》のうしろをさがします。この問の文は、指示内容《しじないよう》が前にあるケースですね。

ステップ 6

指示語《しじご》と接続語《せつぞくご》（2）

指示語《しじご》が指す内容《ないよう》をまとめる

学習した日

月　日

1 次のまんがを読んで、下の問いに答えましょう。

① ——部(1)の「これ」が指す内容《ないよう》を、まんがのセリフの中からぬき出しましょう。

② ——部(2)の「あんなもん」とは、どういうことを指していますか。考えて書きましょう。

てんとう虫コミックス『ドラえもん』2巻《かん》「ぼくの生まれた日」より

③ ——部(3)の「あんなしつけ」とは、どういうことを指していますか。考えて書きましょう。

ステップ 6

指示《しじ》語《ご》と接続語《せつぞくご》（3）

さまざまな接続語《せつぞくご》

1 次の文が、①と②の意味を表すように、ます目に適切《てきせつ》な接続語《せつぞくご》を入れましょう。

雨がふってきた。
わたしは外に出かけた。

① 雨がふらなかったら、外に出かけなかった。

→ 雨がふってきた。□□□、わたしは外に出かけた。

② 雨を気にせずに外に出かけた。

→ 雨がふってきた。□□□、わたしは外に出かけた。

①
□□□

②
□□□

論理ポイント

「接続語《せつぞくご》」とは、前後の語句《ごく》と語句《ごく》や、文と文、段落《だんらく》と段落《だんらく》をつなぐ働きをする言葉です。

主な接続語《せつぞくご》には、次のようなものがあります。

①前の内容《ないよう》が、後の内容《ないよう》の原因《げんいん》（理由）となる〔順接《じゅんせつ》〕。
（例）だから、したがって、すると、そこで

②前の内容《ないよう》とは逆《ぎゃく》の内容《ないよう》が後にくる〔逆接《ぎゃくせつ》〕。
（例）しかし、だが、ところが

③前に結果、後に原因《げんいん》（理由）がくる〔理由〕。
（例）なぜなら、というのは

④前後が対等の関係になる〔並立《へいりつ》（並列《へいれつ》）〕。
（例）また、および

⑤前の内容《ないよう》に後の内容《ないよう》を付け足す〔累加《るいか》（添加《てんか》）〕。
（例）しかも、そして、そのうえ

学習した日
月　日

2 次の文を読んで、下の問いに答えましょう。

1年生の国語の時間、教科書で「手のはたらき」について学ぶという章があった。（略《りゃく》）
この単元の最後に、先生は「手を使うこと」という題目で、子どもたちに「今日、手を使って何をしたか」を書かせた。みんなは「歯をみがいた」「字を書いた」などと書いていたが、ボクは「椅子《いす》にのぼった」と書いた。
本来、椅子《いす》は「座《すわ》る」ものであって、「のぼる」ものではない。（(1)）、その動作に手は必要とされない。（(2)）、ボクが椅子《いす》に座《すわ》るためには、よじ登るようにしなければならない。そして、その際《さい》には短い手で椅子《いす》を押《お》さえることが必要なのだ。（(3)）、ボクは、「手を使って椅子《いす》にのぼりました」と書いたのだ。

（乙武洋匡《おとたけひろただ》『五体不満足　完全版《かんぜんばん》』講談社《こうだんしゃ》　より）

① 文中の（(1)）～（(3)）に入る接続語《せつぞくご》を次から選びましょう。ただし、同じ言葉を二回使ってはいけません。

しかも　しかし　そこで

(1)

(2)

(3)

② ①で答えた接続語《せつぞくご》と同じ意味で使える接続語《せつぞくご》を考えて書きましょう。

(1)

(2)

(3)

ステップ

7

話題をつかむ

⇓ 話題と筆者の主張《しゅちょう》（1）

学習した日

月　日

1 次の文章の話題（テーマ）は何ですか。後のます目に合う形で答えましょう。

友だち関係のことで悩《なや》んでいる人が多いみたいだ。

友だちが少ない、友だちがいない、いじめられる。逆《ぎゃく》に、友だちの多さをリストに並《なら》べて自慢《じまん》する人もいるらしいけど、そんなに重大な関心事である友だちって、いったい何だろう。友だちがいるかいないかということが、なぜそれほど大問題であるように思われるのだろう。

（池田晶子《いけだあきこ》『14歳《さい》からの哲学《てつがく》　考えるための教科書』トランスビュー　より）

この文章の話題　□□□　について

論理ポイント

論理的《ろんりてき》な読み方を身につけるためには、文の「話題」を意識《いしき》することも重要です。話題とは、その文を通して筆者が伝えたいこと。そして次に、その話題に対して、筆者がどのように考えているのか――つまり「筆者の主張《しゅちょう》」を意識《いしき》して読んでいくようにしましょう。

問の文では、文章のはじめから、すべての文に「友だち」という言葉がくり返し登場しています。

話題をつかむには、文章のはじめのほうに出てくる言葉や、くり返し出てくる言葉に注目するとよさそうだね。

2 次の文章の話題（テーマ）は何ですか。「…について」につながる形で答えましょう。

※習っていない漢字は、ひらがなで書いてもかまいません。

太陽系《たいようけい》のあちこちからやってくる流れ星の多くは大気との摩擦《まさつ》で溶《と》けてしまい、地上には届《とど》きません。しかし、ごくごく小さな宇宙塵《うちゅうじん》は、大気に飛びこんでもすぐに速度が落ちて熱くなりません。また、逆《ぎゃく》に大きすぎる流れ星は、全部は溶《と》けきらずに隕石《いんせき》となって、地表に落ちてきます。これらを調べると、太陽系《たいようけい》の始まりがどんなようすだったかがわかってくるのです。

（松浦晋也《まつうらしんや》『飛べ！　はやぶさ　小惑星探査機《しょうわくせいたんさき》60億キロ奇跡《きせき》の大冒険《だいぼうけん》』学研教育出版　より）

この文章の話題

（　　　　　）について

3 次の文章の話題（テーマ）は何ですか。「…について」につながる形で答えましょう。

※習っていない漢字は、ひらがなで書いてもかまいません。

身の回りにある情報《じょうほう》すべての根拠《こんきょ》を自分で確認《かくにん》するというのは、とてつもなくたいへんですが、情報《じょうほう》に触《ふ》れるときに日ごろから「どうしてかな」とか、「根拠《こんきょ》はなんだろう」と少しでも感じたり、考えたりすることはとても重要なことだと思います。

（佐倉統《さくらおさむ》・古田ゆかり『おはようからおやすみまでの科学』筑摩書房《ちくましょぼう》より）

この文章の話題

（　　　　　）について

ステップ 7

話題と筆者の主張《しゅちょう》（2）

話題と主張《しゅちょう》をつかむ（1）

学習した日　　月　　日

1 次の文章を読んで、下の問いに答えましょう。

※習っていない漢字は、ひらがなで書いてもかまいません。

わたしたちが夏の涼《すず》しさを求めるのに依存《いぞん》しきっているエアコンですが、これは電気を利用した機械です。電気はとても便利なエネルギーですが、電気を使わなくても十分に役割《やくわり》を果たす道具はたくさんあります。むしろ、電気を使うよりもいい結果が得られることもあります。電化や自動化が本当に必要な部分、技術《ぎじゅつ》の革新《かくしん》が必要な部分とそうでない部分をよく見極める目を持つことが必要だと思います。

（佐倉統《さくらおさむ》・古田ゆかり『おはようからおやすみまでの科学』筑摩書房《ちくましょぼう》より）

① この文章の話題は何ですか。「…について」という形で答えましょう。

［　　　　］について

② 筆者の主張《しゅちょう》を、「…が…だ」の形で文中からぬき出しましょう。

［　　　　］

2 次の文章を読んで、下の問いに答えましょう。

※習っていない漢字は、ひらがなで書いてもかまいません。

じっさい、完全な親なんか、人間の中には存在《そんざい》しないんだ。完全な親であることができるのは、動物の親だけだ。なぜなら、彼《かれ》らの目的は生命を全うすることだけだからだ。でも、人間はそうじゃない。生命としての人生をどんなふうに生きるのか、それを考えてしまうからだ。人生の真実とは何なのか、死ぬまで人は考えているのだから、その限《かぎ》りすべての人間は不完全だ。どうして君の親ばかりが完全であるはずがあるだろう。

（池田晶子《いけだあきこ》『14歳《さい》からの哲学《てつがく》 考えるための教科書』トランスビューより）

① この文章の話題は何ですか。「…について」につながる形で、五文字以内で答えましょう。

について

② 筆者の主張《しゅちょう》を二十字以内で文中からぬき出しましょう。

※習っていない漢字は、ひらがなで書いてもかまいません。

ステップ 7

⇓ 話題と筆者の主張《しゅちょう》（3）

話題と主張《しゅちょう》をつかむ（2）

学習した日　　月　　日

1 次の文を、下の①と②の二通りの形でまとめましょう。ただし、（(1)）には話題となる言葉が、（(2)）には話題に対する筆者の主張《しゅちょう》が入ります。

※習っていない漢字は、ひらがなで書いてもかまいません。

かつて人々は、科学が明るい未来を切り拓《ひら》くというイメージを抱《いだ》いていましたが、扱《あつか》い方によっては原爆《げんばく》や公害、薬害など科学がもたらす負の部分があることも忘《わす》れてはなりません。これらは光と影《かげ》の関係にあるといってもいいでしょう。社会問題となった「科学による望まない結果」＝公害や薬害を経験《けいけん》しました。これからも、予測《よそく》し得ない健康障害《しょうがい》や環境《かんきょう》破壊《はかい》などが起こる可能性《かのうせい》があります。

（佐倉統《さくらおさむ》／古田ゆかり『おはようからおやすみまでの科学』筑摩書房《ちくましょぼう》より）

①（(1)）には（(2)）。

(1)（二字の熟語《じゅくご》）

(2)（八字以内）

②（(1)）には（(2)）。

(1)（二字の熟語《じゅくご》）

(2)（二十字以内）

②　次の文章を読んで、下の問いに答えましょう。
※習っていない漢字は、ひらがなで書いてもかまいません。

もしも、個性《こせい》とは、個性的《こせいてき》になろうとしてそうなるようなものであるなら、そこには必ず他人との比較《ひかく》があるはずだ。人と同じようにはするまい、人と同じようにはなるまいという、他人を気にする気持ちがあるはずだ。だったら、どうしてそんな人が個性的《こせいてき》であるはずがあるだろう。本来のその人がそうである仕方でそうであるのではないからだ。それできっとそういう人は、わざと変わったことや珍《めずら》しいことをして自己顕示《じこけんじ》する、いわゆる奇《き》をてらう振《ふ》るまいをするだろう。そういう振《ふ》るまいを見て、君は、わざとらしいなと感じるだろう。個性的《こせいてき》であるということと、人と違《ちが》おうとするということとは、まったく逆《ぎゃく》のことなんだ。

（池田晶子《いけだあきこ》『14歳《さい》からの哲学《てつがく》　考えるための教科書』トランスビューより）

①　文を次のようにまとめたいと思います。（⑴）には話題となる言葉を、（⑵）には話題に対する筆者の主張《しゅちょう》を書きましょう。

（⑴）と（⑵）は逆《ぎゃく》のことだ。

⑴（十字前後）

⑵（十五字前後）

②　――線部「そういう振《ふ》るまい」が指す内容《ないよう》を、文中から十字以内でぬき出しましょう。

ステップ 8

算数×論理《ろんり》エンジン（1）

式から問題文を考える

学習した日

月　日

1 算数のノートに、次のような式と答えが書いてあります。しかし、問題文がどこかに消えてしまったようです。問題文は、どのようなものだったと思いますか。自分で考えて作ってみましょう。

もとの問題文

論理ポイント

算数の学習も、そのもとにあるのは言葉。自分で問題を作ってみると、そのことがよくわかるはずです。言葉を正しくあつかえるようになることは、国語だけではなく、算数をはじめとする他の教科の学習のためにも、とても大切なことなのです。

2 右のページにならって、次の式と答えを導《みちび》くような問題文を自分で考えて作りましょう。

式
50×8＝400
110×7＝770
400＋770＝1170
答え 1170

もとの問題文

ステップ 8

算数×論理《ろんり》エンジン（2）

計算の考え方を説明する

学習した日　　月　　日

1 次のような立体があります。カズマ君は少しくふうして、下のような式をたて、その体積を求めました。カズマ君の考え方を、言葉で説明してみましょう。

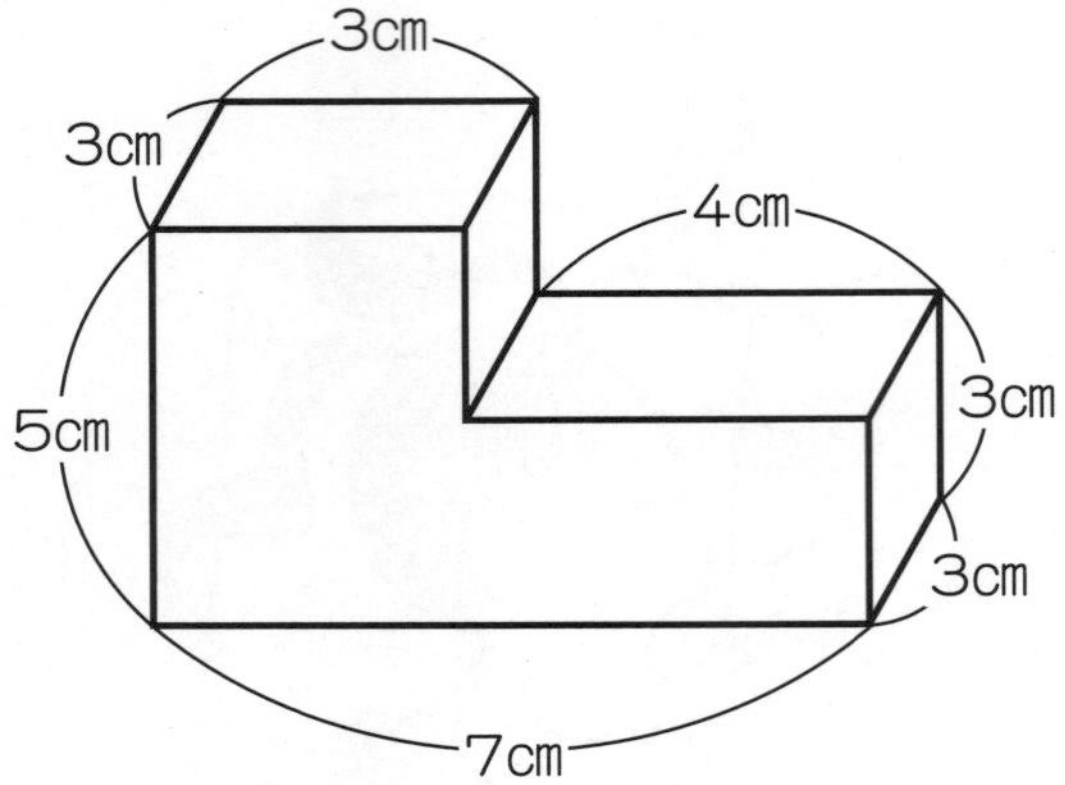

3cm
3cm
4cm
5cm
3cm
3cm
7cm

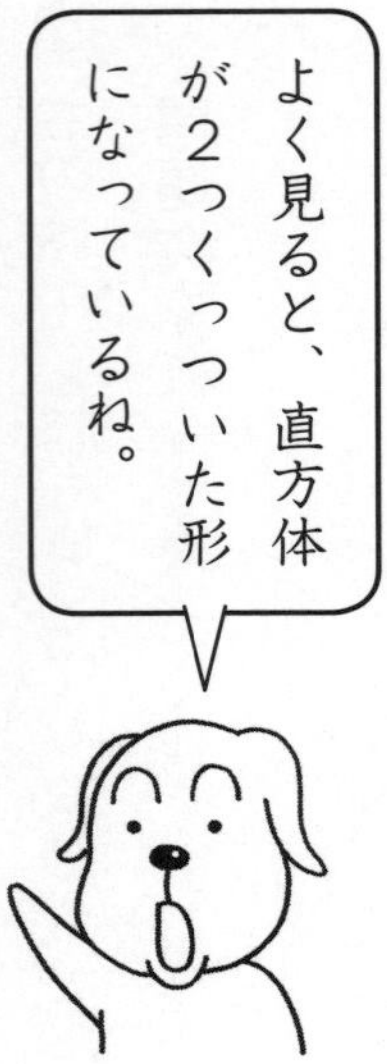

よく見ると、直方体が2つくっついた形になっているね。

カズマくんの立てた式

式

$3 \times 3 \times 5 = 45$

$3 \times 4 \times 3 = 36$

$45 + 36 = 81$

答え　81㎤

カズマくんの考え方

②リサさんは、右ページと同じ立体の体積を、カズマ君とは別のやり方で求めました。リサさんの考え方を、言葉で説明してみましょう。

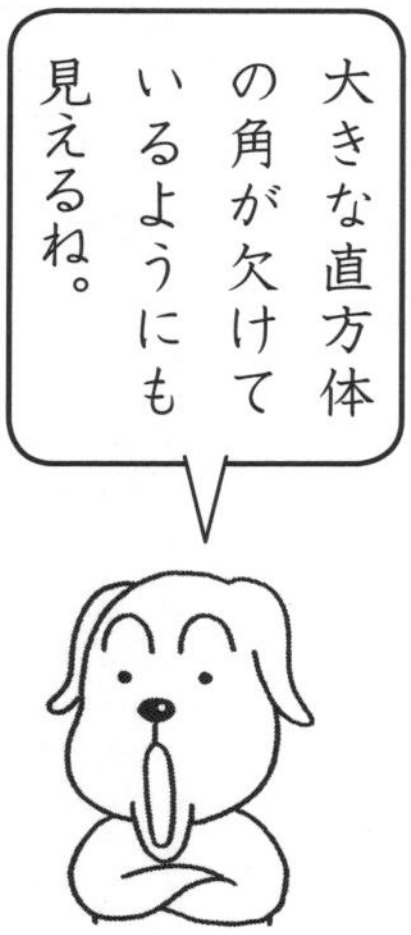
大きな直方体
の角が欠けて
いるようにも
見えるね。

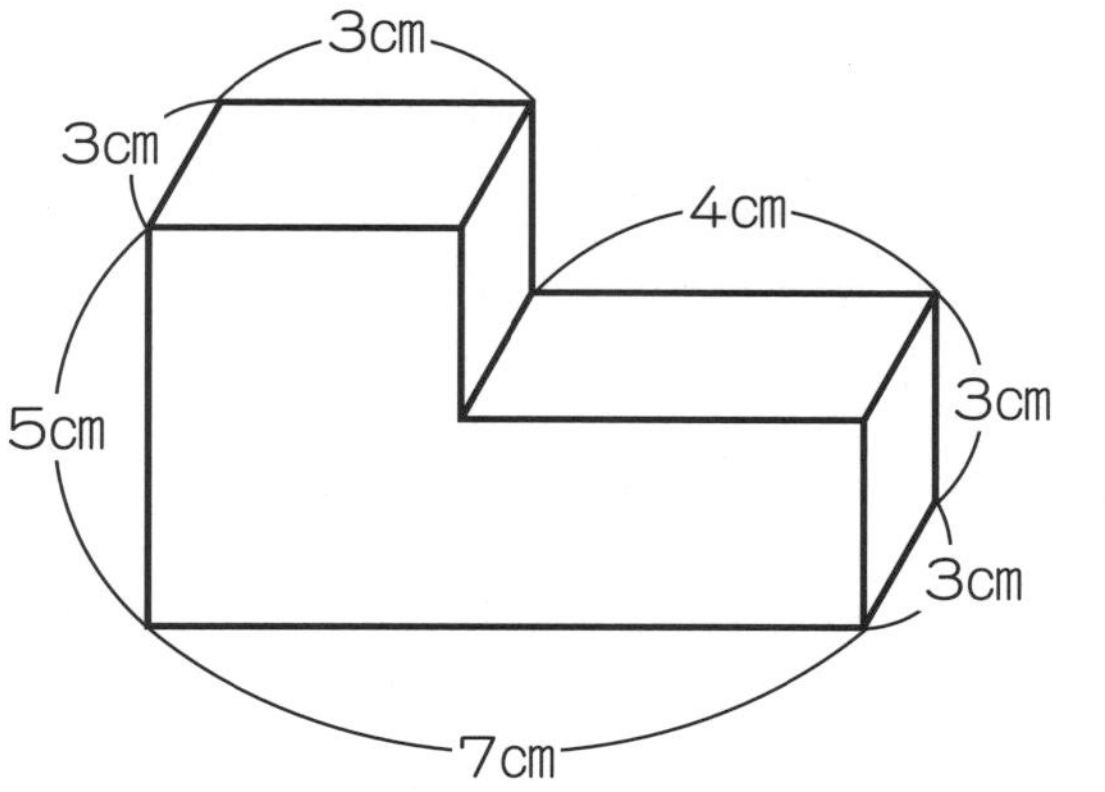
3cm
3cm
4cm
5cm
3cm
3cm
7cm

リサさんの立てた式

式

$3 \times 7 \times 5 = 105$

$3 \times 4 \times 2 = 24$

$105 - 24 = 81$

答え　81cm³

リサさんの考え方

ステップ 8

算数×論理《ろんり》エンジン（3）

数字を正しく読みとる

学習した日　　月　　日

1 次の文を読んで、下の問いに答えましょう。

最初の小惑星《しょうわくせい》が見つかったのは、19世紀最初の日でした。

1801年1月1日、まさに19世紀が始まったその日、イタリアのシチリア島にあるパレルモ天文台で夜空を観測《かんそく》していたジュゼッペ・ピアッツィが、太陽のまわりを回る新しい惑星《わくせい》を発見しました。新惑星《わくせい》はローマ神話の女神の名前からとって、ケレスと命名されました。（略《りゃく》）

ケレス発見は終わりではなく始まりでした。ケレスと同じく火星と木星の間に、つぎつぎと小さな惑星《わくせい》が見つかったのです。1802年にはパラス、1804年にジュノー、1807年にベスタ、

① 小惑星《しょうわくせい》アストラエアは、小惑星《しょうわくせい》ケレスの何年後に発見されましたか。計算式と答えを書きましょう。

式

答え

少し間があいて１８４５年にアストラエア、１８４７年にへーべ…ケレスの発見から（(1)）年が過《す》ぎた20世紀初めには、見つかった小惑星《しょうわくせい》の数は５００個《こ》にもなっていました。（略《りゃく》）

観測《かんそく》技術《ぎじゅつ》の進歩とともに、小惑星《しょうわくせい》のリストはどんどん長くなっていきました。20世紀が21世紀に変わった２００１年の初めには12万個《こ》もの小惑星《しょうわくせい》が見つかっていました。さらに10年がたった（(2)）年、リストに掲載《けいさい》される小惑星《しょうわくせい》の数は約２倍の23万個《こ》を超《こ》えています。それどころか、とりあえず見つけたけれども、軌道《きどう》をきちんと測定《そくてい》していないのでリストにのせていない小惑星《しょうわくせい》も含《ふく》めると、小惑星《しょうわくせい》の総数《そうすう》は48万個《こ》にもなっています。過去《かこ》10年の観測《かんそく》技術《ぎじゅつ》の進歩が大変急速であったことがわかります。この数はまだまだ増《ふ》えるでしょう。

（松浦晋也《まつうらしんや》『飛べ！　はやぶさ　小惑星探査機《たんさき》60億キロ奇跡《きせき》の大冒険《だいぼうけん》』学研教育出版　より）

② （(1)）に入る数字を次から選び、記号に丸をつけましょう。

ア　10年

イ　50年

ウ　１００年

エ　２００年

③ （(2)）に入る4けたの数字を答えましょう。

□

④ 発見された小惑星《しょうわくせい》の総数《そうすう》は、２０１１年には２００１年の何倍になっていますか。ただし、リストにのせていない小惑星《しょうわくせい》もふくめます。

□倍

ステップ 9

≫社会科×論理《ろんり》エンジン(1)

話し合いの内容《ないよう》を要約する

学習した日　　月　　日

1 社会科の授業《じゅぎょう》で、さまざまなことがらをテーマにみんなで話し合っています。例にならって、①と②の意見を要約しましょう。一文でまとめても、複数《ふくすう》の文でまとめてもかまいません。ただし、二文以上にまたがる場合は、適切《てきせつ》な接続語《せつぞくご》を使いましょう。

※習っていない漢字は、ひらがなで書いてもかまいません。

(例)

外国に工場を作り、そこで自動車を作る「現地《げんち》生産」が増加《ぞうか》しています。現《げん》地《ち》生産のよい点をまとめてみましょう。

現地《げんち》生産をすることで、その土地に仕事が生まれるよね。

自動車の部品や材料もその国で買うから、国の発展《はってん》にもつながるんじゃないかな。

【要約】

現地《げんち》生産をすることで、その土地に仕事が生まれる。また、自動車の部品や材料もその国で買うことから、国の発展《はってん》にもつながる。

①

近年、農業を仕事にする人の数が減《へ》ってきています。中でも、わかい人で農業を志《こころざ》す人の数の減少《げんしょう》が目立ちます。日本の農業にはどのような問題が起きているでしょうか。

わかい人がいないっていうことは、農家の高齢《こうれい》化《か》が進んでいるんじゃない？

となると、農業をついでくれる後継者《こうけいしゃ》不足の問題も起きてくるよね。

【要約】

日本の農業には、

という問題が起きている。

②

日本はとても豊《ゆた》かな漁場に囲まれているため、昔から漁業が発展《はってん》してきました。日本のまわりでたくさん魚がとれる理由を調べましょう。

寒流と暖流《だんりゅう》が出合う潮目《しおめ》になっているからみたい。

広い大陸だながあるから、魚のえさになるプランクトンが多いんだって。

【要約】

ステップ **9**

社会科×論理《ろんり》エンジン（２）

調べたことを発表する

学習した日　　月　　日

1 社会科の授業《じゅぎょう》で、「気候をいかしたくらし」について調べて発表することになりました。そこでカズマくんは、寒さがきびしい北海道の家のつくりについて調べました。そして、わかったことをメモ（Ａ）にまとめ、（Ａ）をもとに発表用の原稿《げんこう》（Ｂ）を作成しました。

（Ｂ）の（　　）に入る内容《ないよう》を、（Ａ）をもとに考えて書きましょう。ただし、（Ａ）の内容《ないよう》はすべて入れ、必要に応《おう》じて適切《てきせつ》な接続語《せつぞくご》を使うこととします。

（A）わかったことのメモ

【くふう①】ガラスまどやげんかんのドアが二重になっている。
【理由】寒さが家の中に入りこむのを防《ふせ》ぐため。

【くふう②】かべやゆかに断熱材《だんねつざい》を入れている。
【理由】熱がにげないようにするため。

【くふう③】屋根の角度が急になっている。
【理由】ふり積もった雪がすべり落ちやすくするため。

【くふう④】土がこおらないところに水道管を通している。
【理由】水道管がこおらないようにするため。

（B）発表用の原稿《げんこう》

北海道の家には、冬の寒さをしのぐためのさまざまなくふうがこらされています。

まず、（

）

そして、水道管がこおらないように、土のこおらないところに水道管を通しています。

ステップ
9
説明文を完成させる
社会科×論理《ろんり》エンジン（3）

学習した日
月　日

1 環境保護《かんきょう》を目的として定められた法律《ほうりつ》に、「容器《ようき》包装《ほうそう》リサイクル法（容器《ようき》包装《ほうそう》に係る分別収集《しゅうしゅう》及び再《さい》商品化の促進《そくしん》等に関する法律《ほうりつ》）」（1997年4月施行《しこう》・2006年改正）と「家電リサイクル法（特定家庭用機器再《さい》商品化法）」（2001年4月施行《しこう》）があります。①と②のキーワードを、後の（　　）に合う形で一文にまとめ、それぞれの法律《ほうりつ》の説明文を完成させましょう。

※習っていない漢字は、ひらがなで書いてもかまいません。

①容器《ようき》包装《ほうそう》リサイクル法

【キーワード】
・かん、ペットボトル、びん
・容器《ようき》や包装《ほうそう》類
・製造者《せいぞうしゃ》、利用者、国や自治体
・それぞれの立場
・再《さい》利用を進める

【法律《ほうりつ》の説明文】

容器《ようき》包装《ほうそう》リサイクル法とは、
（

）
ために定められた法律《ほうりつ》である。

②家電リサイクル法

【キーワード】

・冷蔵庫《れいぞうこ》、エアコン、テレビ、洗濯機《せんたくき》など

・特定の家庭電化製品《せいひん》を対象

・処分《しょぶん》するとき

・かかる費用

・消費者が負担《ふたん》する

【法律《ほうりつ》の説明文】

家電リサイクル法とは、

(

)

ことを定めた法律である。

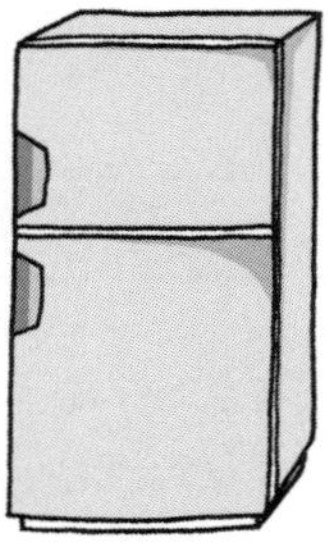
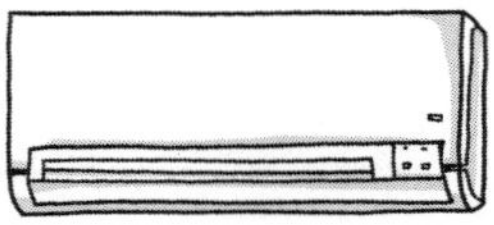

出口汪（でぐち・ひろし）

1955年、東京都生まれ。30年以上にわたって受験生の熱い支持を受ける大学受験現代文の元祖カリスマ講師。全国の学校・塾で採用され、目覚ましい効果を挙げている言語トレーニングプログラム「論理エンジン」の開発者として、その解説と普及に努めている。

論理エンジン ▶ https://ronri.jp
出口汪オフィシャルサイト ▶ https://deguchi-hiroshi.com

▶STAFF◀

イラスト ◎ 設樂みな子
表紙デザイン◎与儀勝美
構成協力 ◎ 高橋沙紀／葛原武史・和西智哉（カラビナ）
編集協力 ◎ いしびききょうこ（ニコワークス）
小倉宏一（ブックマーク）
石川享（タップハウス）
フォーマット作成 ◎ 武井千鶴・カラビナ
本文 DTP ◎ 芦澤伸・高野宏恒（東光美術印刷）
編集 ◎ 堀井寧（小学館）

出口汪の日本語論理トレーニング 小学五年 基礎編

2012年11月25日 第1版第1刷発行
2025年 5 月14日 第8刷発行

著　者 ● 出口 汪
発行人 ● 北川 吉隆
発行所 ● 株式会社 小学館
〒101-8001 東京都千代田区一ツ橋 2-3-1
電　話 ● 編集 (03) 3230-5689
販売 (03) 5281-3555
印刷所 ● 三晃印刷株式会社
製本所 ● 株式会社難波製本

ISBN978-4-09-837736-7

論理エンジンJr.《ジュニア》 5年

答えと
くわしい考え方

―― 答えとくわしい考え方の使い方 ――

・ここには本文の解答と、それに対するくわしい考え方が記されています。
・上段には本文ページを縮小したものが、淡いグレーで表示されています。その中で、解答だけが濃い黒で表示されています。
・下段には上段のページのくわしい考え方が記されています。
・論理エンジンは正解率を競う教材ではありません。言葉のとらえ方、考え方をトレーニングするためのものですので、正解した場合でも下段をよく読んでください。
・不正解の場合も、自信を失う必要はありません。下段の考え方を参考に、納得できるまで練習してください。

小学館

▶4～5ページの答え

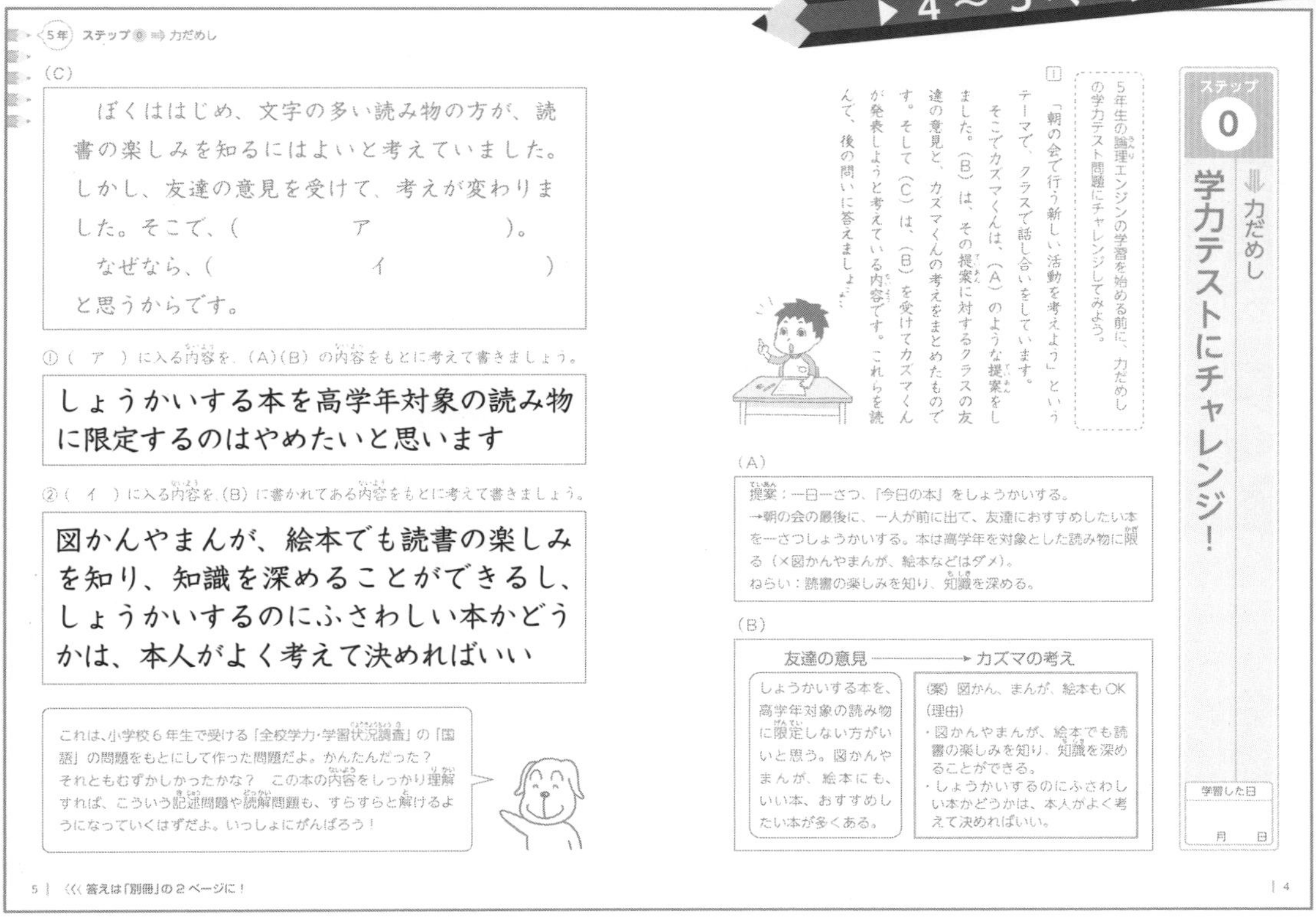

ステップ 0
⇓力だめし
学力テストにチャレンジ！

5年生の論理《ろんり》エンジンの学習を始める前に、力だめしの学力テスト問題にチャレンジしてみよう。

1 「朝の会で行う新しい活動を考えよう」というテーマで、クラスで話し合いをしています。

そこでカズマくんは、（A）のような提案《ていあん》をしました。（B）は、その提案《ていあん》に対するクラスの友達の意見と、カズマくんの考えをまとめたものです。そして（C）は、（B）を受けてカズマくんが発表しようと考えている内容《ないよう》です。これらを読んで、後の問いに答えましょう。

（A）

提案《ていあん》：一日一さつ、「今日の本」をしょうかいする。
→朝の会の最後に、一人が前に出て、友達におすすめしたい本を一さつしょうかいする。本は高学年を対象とした読み物に限《かぎ》る（×図かんやまんが、絵本などはダメ）。
ねらい：読書の楽しみを知り、知識《ちしき》を深める。

（B）

友達の意見 ――→ カズマの考え

友達の意見	カズマの考え
しょうかいする本を、高学年対象の読み物に限定《げんてい》しない方がいいと思う。図かんやまんが、絵本にも、いい本、おすすめしたい本が多くある。	(案) 図かん、まんが、絵本もOK (理由) ・図かんやまんが、絵本でも読書の楽しみを知り、知識《ちしき》を深めることができる。 ・しょうかいするのにふさわしい本かどうかは、本人がよく考えて決めればいい。

学習した日　月　日

4

5年　ステップ0 ⇒ 力だめし

（C）

ぼくははじめ、文字の多い読み物の方が、読書の楽しみを知るにはよいと考えていました。しかし、友達の意見を受けて、考えが変わりました。そこで、（　　ア　　）。

なぜなら、（　　イ　　）と思うからです。

①（　ア　）に入る内容《ないよう》を、（A）（B）の内容《ないよう》をもとに考えて書きましょう。

しょうかいする本を高学年対象の読み物に限定するのはやめたいと思います

②（　イ　）に入る内容《ないよう》を、（B）に書かれてある内容《ないよう》をもとに考えて書きましょう。

図かんやまんが、絵本でも読書の楽しみを知り、知識を深めることができるし、しょうかいするのにふさわしい本かどうかは、本人がよく考えて決めればいい

これは、小学校6年生で受ける「全校学力・学習状況調査《じょうきょうちょうさ》」の「国語」の問題をもとにして作った問題だよ。かんたんだった？　それともむずかしかったかな？　この本の内容《ないよう》をしっかり理解《りかい》すれば、こういう記述《きじゅつ》問題や読解《どっかい》問題も、すらすらと解《と》けるようになっていくはずだよ。いっしょにがんばろう！

5　＜＜＜ 答えは「別冊」の2ページに！

くわしい考え方

PISA型のテスト、全国学力・学習状況調査、学習指導要領、新傾向の入試問題など、今やすべてが日本語で考える力を求めています。

それなのに、今までキミたちが習ってきた国語の学習の仕方では、新しい傾向に対して、とても対応できなくなっています。

それに対し、「論理エンジン」はまさに最先端の学習法です。

この問題は要点を整理し、それを正確な文章で表現できるかどうかを試しています。

Aはカズマの最初の考え。

Bは、友達の意見と、それを受けて変わったカズマの考え。

そこで、AとBの考え方の違いを整理します。

ねらい　読書の楽しみを知り、知識を深める

A「高学年を対象としたよみもの（図かん、まんが、絵本はダメ）」

B「高学年対象のよみものに限定しない方がいい」

Cでまとめるときは、AとBは反対の内容（対立関係）なので、逆接の接続語「しかし」を使います。

さらにBの理由は、2点。

①図かんやまんが、絵本でも読書の楽しみを知り、知識を深めることができる。

②しょうかいするのにふさわしい本かどうかは、本人がよく考えて決めればいい。

このように論理的に考えるには、「要点をつかむ」「対立関係」「理由づけ」など、言葉の規則にしたがって考えなければなりません。

▶６～７ページの答え

ステップ 1 ⥥ 一文の要点（1）

主語と述語《じゅつご》の基本《きほん》

学習した日　月　日

1 次の（　）に入る言葉として適切《てきせつ》なものを後から選びましょう。

とつぜん、まどのそばの時計が大きな音で（　）。

こわした　置いた
動かした　鳴りだした

1の答え　**鳴りだした**

論理ポイント

文を読む際《さい》に最も大切なのは、「文の要点」を正しくつかまえることです。

要点とは、「主語」と「述語《じゅつご》」、そして「目的語」など、意味の上で外すことのできない、いくつかの大切な説明の言葉のことです。

1は、主語である「時計が」につながる述語《じゅつご》として適切《てきせつ》な言葉を選ぶ問題ですね。

常《つね》に文の要点を意識することで、むずかしい文をすいすい読み解くことができるようになるだけでなく、論理的《ろんりてき》な言葉の使い方ができるようになり、さらには論理的《ろんりてき》な頭の使い方までもが身についていきます。

6

5年　ステップ1 ⥤ 一文の要点

2 次の文の主語と述語《じゅつご》をぬき出しましょう。

① この夏の思い出は、きっとぼくの心にいつまでも残るだろう。

主語　**思い出は**　述語《じゅつご》　**残るだろう**

② すごいなあ、あんなにむずかしいテストで満点だった山田さんは。

主語　**山田さんは**　述語《じゅつご》　**すごいなあ**

③ はげしい雨が、家のまどというまどにようしゃなく打ちつけている。

主語　**雨が**　述語《じゅつご》　**打ちつけている**

7　〈〈〈 答えは「別冊」の３ページに！

くわしい考え方

文章を読むとき、自分勝手に読むのと、文章に貫かれている論理で読むのとでは、決定的に違います。

文章には要点（大切なか所）と、それを説明する部分とがあります。論理的に読むためには、まず文章の中の要点とその説明か所とを区別します。

一文の要点は、まず主語と述語です。そこで、主語と述語を意識するトレーニングです。要点さえつかめば、どんな複雑な文も簡単に分かります。

■問題1

主語は「時計が」で、それに対する述語を選ぶ問題です。選択肢の「こわした」「置いた」「動かした」は、すべて主語が人間です。「時計が」の述語となるのは、「鳴りだした」しかありません。

■問題2

まず述語を探し、それに対する主語を次に探します。行き当たりばったり解くのではなく、いつも決まったこのような手順で解いていきます。

①「残るだろう」の主語は、「思い出は」。

②倒置（主語と述語の語順がひっくり返っている）に注意。「すごいなあ」の主語は「山田さんは」。

③「打ちつけている」の主語は、「雨が」。

▶ 8～9ページの答え

ステップ 1 ⥥一文の要点（2）

主語の省略《しょうりゃく》

学習した日　月　日

1 次の――部の述語《じゅつご》に対する主語を、文中からぬき出しましょう。主語が文中にない場合は、なしと答えましょう。

そんなにおもしろい(1)のなら、
ぜひ見てみたいものだと
わたしは思いました。(2)

日本語では主語が省略《しょうりゃく》されることがとても多いんだ。文中の主語が省略《しょうりゃく》されているときも、述語《じゅつご》の動作や状態《じょうたい》の〝主〟がだれ・なになのかを常《つね》に考えながら、文章を読むことが大事だよ。

(1)の主語　なし

(2)の主語　わたしは

(2)の主語は近くにありそうだけど、(1)はちょっとむずかしいぞ…。

2 次の――部の述語《じゅつご》に対する主語を、文中からぬき出しましょう。主語が文中にない場合は、なしと答えましょう。

① こんにちは、あなたには久《ひさ》しぶりにお会いしましたね。

主語　なし

② その問題の答えを、まだきみは知らない。

主語　きみは

③ 修学旅行《しゅうがくりょこう》がどんなに楽しかったか、妹に話して聞かせました。

主語　なし

④ ぼくはまだいなかにいるおばあちゃんに会ったことがない。

主語　ぼくは

《《《 答えは「別冊」の４ページに！

くわしい考え方

問題1

述語から探すのは、日本語では主語を省略することが多いからです。英語は主語を基本的には省略できません。逆に、古典で学ぶ物語文では主語を省略することの方が一般的です。

1 「何が」おもしろいのか、主語にあたるものがありません。

2 「思いました」のは、「わたしは」。

問題2

① 「お会いしましたね」の主語は「わたしは」ですが、省略されています。

② 「知らない」のは、「きみは」。

③ 「聞かせました」の主語は「わたしは」ですが、省略されています。

④ 「会ったことがない」のは、「ぼくは」。

▶10～11ページの答え

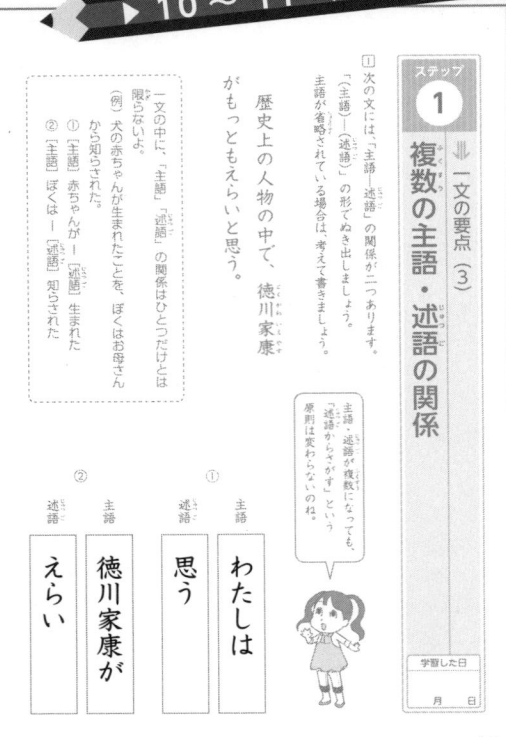

ステップ 1 ➡ 一文の要点（3）

複数《ふくすう》の主語・述語《じゅつご》の関係

学習した日　月　日

1 次の文には、「主語―述語《じゅつご》」の関係が二つあります。「（主語）―（述語《じゅつご》）」の形でぬき出しましょう。主語が省略《しょうりゃく》されている場合は、考えて書きましょう。

歴史上の人物の中で、徳川家康《とくがわいえやす》がもっともえらいと思う。

主語・述語《じゅつご》が複数《ふくすう》になっても、「述語《じゅつご》からさがす」という原則は変わらないのね。

一文の中に、「主語」「述語《じゅつご》」の関係はひとつだけとは限《かぎ》らないよ。
（例）犬の赤ちゃんが生まれたことを、ぼくはお母さんから知らされた。
① ［主語］赤ちゃんが ― ［述語《じゅつご》］生まれた
② ［主語］ぼくは ― ［述語《じゅつご》］知らされた

① 主語　わたしは　述語《じゅつご》　思う

② 主語　徳川家康が　述語《じゅつご》　えらい

2 次の文の、――部に対する主語または述語《じゅつご》を文中からぬき出しましょう。文中にない場合は、考えて書きましょう。

① うちゅうは(1)広がり続けていると聞いたことがある。(2)

(1)（広がり）続けている

(2) 例わたしは

② 祖父母《そふぼ》は、ぼくが(1)運動会で活やくしたことをとても喜んでくれた。(2)

(1) 活やくした

(2) 祖父母は

③ 先生は、(1)わたしがピアノを上手にひけた(2)ことを、みんなの前で発表しました。

(1) 発表しました

(2) わたしが

くわしい考え方

今までは「主語と述語」の関係が一つだけの単純な文を扱っていました。実際の文はもっと複雑で、「主語と述語」の関係が複数あるものが多いのです。

■問題1

文全体の述語は「思う」。主語は「わたしは」で、省略されています。

さらに「徳川家康が」―「えらい」と、「主語と述語」の関係があります。

■問題2

①全体の述語は「聞いたことがある」で、主語は「わたしは」で、省略されています。

「うちゅうは」―「（広がり）続けている」が、「主語と述語」の関係。

②全体の述語が「喜んでくれた」で、主語は「祖父母は」。

「ぼくが」―「活やくした」が、「主語と述語」の関係。

③全体の述語が「発表しました」で、主語は「先生は」。

「わたしが」―「ひけた」が、「主語と述語」の関係

ステップ 2

⥥言葉のつながり（1）

言葉のつながりを見ぬく

学習した日　月　日

1 例にならって、言葉がそれぞれどの言葉とつながっているのかを考え、→でつなぎましょう。

例 きれいな　花が　庭に　さいている。

イギリスの　庭園には　美しい　バラが　たくさん　さいている。

論理ポイント

言葉のつながりを見ぬくには、**まず「主語—述語《じゅつご》」の関係を考え、それからほかの言葉とのつながりをおさえます。**1の問題文では、「バラが—さいている」が「主語—述語《じゅつご》」の関係。「イギリスの」は「庭園には」につながります。「美しい」は「バラが」につながります。「たくさん」は「さいている」を説明する言葉です。

2 次の文を読んで、後の問いに答えましょう。

① 飛んでいるよ、大空に　ヒバリの　群《む》れが。

(1) 言葉がそれぞれどの言葉とつながっているのかを考え、→でつなぎましょう。

(2) ①の文の中に、「春の」という言葉を加えたいと思います。入る直後の三文字をぬき出しましょう。

直後の三文字　大空に

② 今年の　夏休みに、広島に　住む　いとこを　たずねた。

(1) 言葉がそれぞれどの言葉とつながっているのかを考え、→でつなぎましょう。

(2) ②の文の中に、「年上の」という言葉を加えたいと思います。入る直後の三文字をぬき出しましょう。

直後の三文字　いとこ

《《《 答えは「別冊」の６ページに！

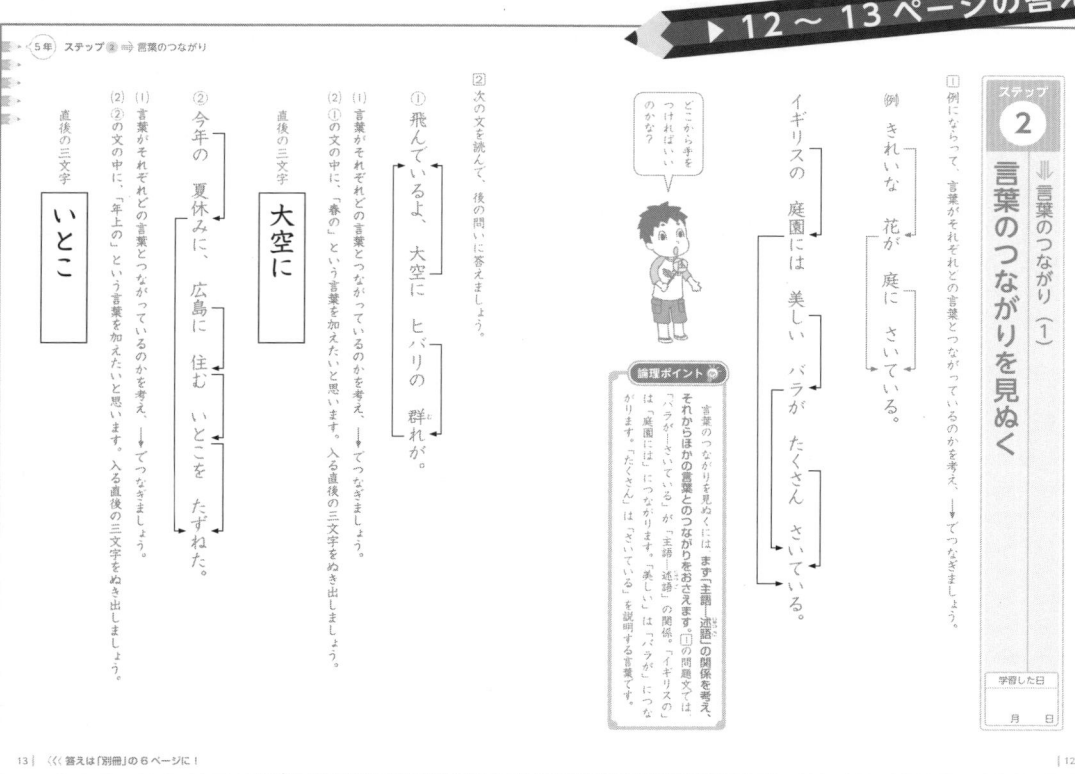

くわしい考え方

言葉は必ず他の言葉とつながっています。「主語と述語」の関係も、そうした言葉のつながりの一つです。それらを意識することで、言葉はバラバラではなく、他の言葉との関係で意味が決まってくることがわかります。

■問題2

①(1)「群れが」→「飛んでいるよ」が、「主語と述語」の関係で、倒置になっています。「大空に」→「飛んでいるよ」、「ヒバリの」→「群れが」と、それぞれつながっています。

(2)「春の」がどの言葉とつながるのかを考えます。「春の」→「大空に」が正しい言葉のつながりです。

②(1)(わたしは)→「たずねた」が「主語と述語」の関係。「今年の」→「夏休みに」→「たずねた」、「広島に」→「住む」→「いとこを」→「たずねた」と、それぞれがつながっています。

(2)「年上の」とつながるのは、「いとこ」です。

▶14～15ページの答え

ステップ 2

言葉のつながり ⑵
決まった関係

学習した日　月　日

1（　）に入る言葉を後から選びましょう。

①（　）雨がふっても、試合を行います。

②（　）雨がふれば、試合は中止します。

まず　まるで　もし
たとえ　まさか

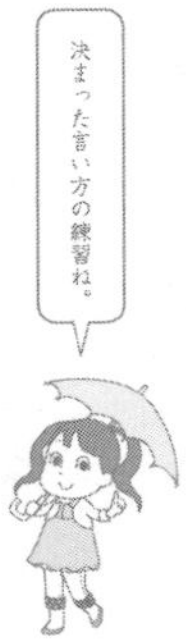

①　たとえ

②　もし

論理ポイント

「まるで～ようだ」「もし～ならば」のように、言葉には、「決まった関係」というものがあります。この関係は、すべての言葉のつながりに優先《ゆうせん》します。こうした関係を「呼応《こおう》の関係」と言います。

2（　）にあてはまる言葉を、後から選んで書きましょう。言葉はそれぞれ一回しか使えません。

①この次は（**ぜひ**）遊びに来てください。

②わたしは、この映画《えいが》に（**少しも**）興味《きょうみ》がわかない。

③（**どうか**）帰らないでもらえませんか。

④昨夜の雨は、（**まるで**）バケツをひっくり返したようだった。

⑤（**たとえ**）何が起ころうとも、おどろかない。

たとえ　ぜひ　少しも　どうか　まるで

くわしい考え方

「言葉のつながり」は意味のつながりです。一方、「まったく～ない」「たとえ～ても」のように、言葉には「決まった関係」のあるペアがあります。これを「呼応《こおう》関係」といいます。

副詞は述語となる言葉（用言）につながる言葉です。中には強くつながる言葉があります。強くつながるということは、その言葉をしばってしまうことです。それが呼応です。

呼応関係は強い関係ですから、問題を解くときは最初に考えましょう。

■問題1

①「たとえ～ても」、②「もし～ば」が、呼応関係です。

■問題2

①「ぜひ～ください」、②「少しも～ない」③「どうか～もらえませんか」、④「まるで～ようだ」、⑤「たとえ～とも」が、呼応しています。

▶16～17ページの答え

ステップ 2

⇓言葉のつながり（3）

言葉のならべ方

学習した日　月　日

1 次の文は、ならべる順番をまちがえたため、言葉がうまくつながりません。一か所だけ、言葉をちがう場所に移動《いどう》して、意味が通じるように書き直しましょう。

最近、子どもが朝ごはんを食べずに学校へ来る増《ふ》えているらしい。

最近、朝ごはんを食べずに学校へ来る子どもが増えているらしい。

言葉のつながりが不自然な場所が一か所あるね…

こうした問題でも、まずは「述語《じゅつご》」をつかまえることから始めよう。主語と述語のつながりがわかったら、残りの言葉が、どこにどのようにつながっているかを考えるんだよ。

2 次の文は、ならべ方がまちがっています。言葉の順番をならべかえ、正しい文に直しましょう。

① 本を読むことで、世の中のたくさん動きが自分で理解《りかい》できるようになる。

本をたくさん読むことで、世の中の動きが自分で理解できるようになる。

② わからないことがあったら、インターネットを調べるように使ってしている。

わからないことがあったら、インターネットを使って調べるようにしている。

③ オタマジャクシで泳いでいるのは、とびはねているのはカエルです。

泳いでいるのはオタマジャクシで、とびはねているのはカエルです。

⇦くわしい考え方⇦

「言葉のつながり」の応用問題です。どの言葉がどの言葉とつながるかを意識しましょう。

■問題1

「来る」→「増えているらしい」がつながりません。「増えているらしい」は述語なので、何が「増えている」のかというと、「子どもが」が主語だとわかります。「学校へ来る」→「子どもが」→「増えている」と、言葉がつながります。

■問題2

① 「たくさん」→「動きが」が、つながりません。「たくさん」は「読む」につながるので、「本をたくさん読むことで」となります。

② 「調べるように」→「使って」→「している」が、それぞれつながりません。「している」につながるのは、「調べるように」。そこで、「インターネットを使って調べるようにしている」とします。

③ 「オタマジャクシで」→「泳いでいるのは」がつながりません。そこで、「泳いでいるのはオタマジャクシで」とします。

ステップ 2 ⇓言葉のつながり（4）

読点《とうてん》の打ち方

学習した日　月　日

1 けいたい電話に、お母さんから次のようなメールがとどきました。しかし、文面は二通りの意味に読みとることができます。イラストに合う意味になるように、適当《てきとう》な位置に読点《とうてん》を一つ入れて書き直しましょう。

図書館に行った弟と妹をむかえに行ってくださいね。
母より

①

図書館に行った弟と、妹をむかえに行ってくださいね。

②

図書館に行った弟と妹を、むかえに行ってくださいね。

論理ポイント

問の文は、言葉のつなげ方がまずいため、「図書館に行った弟」と自分とで「妹を」むかえに行くのか、「図書館に行った弟と妹」をむかえに行くのかがはっきりしません。ここで重要なはたらきをするのが「、（読点《とうてん》）」です。読点《とうてん》を正しく使い、意図することが正確《せいかく》に伝わる文を書けるようになりましょう。

2 次の文は、言葉のつながり方がはっきりせず、言い表そうとすることがあいまいになっています。（　）の条件に合うように、適当《てきとう》な位置に「、（読点《とうてん》）」を一つ入れて書き直しましょう。

① とてもユニークなえいがの解説《かいせつ》を聞いた。（ユニークなのはえいが）

とてもユニークなえいがの、解説を聞いた。

② 父からプレゼントされたバッグの中の財布《さいふ》を母は取り出した。（プレゼントされたのは財布《さいふ》）

父からプレゼントされた、バッグの中の財布を母は取り出した。

くわしい考え方

「、」を読点、「。」を句点といいます。「、」を打つと、そこでいったん言葉のつながりが切れてしまいます。だから、「、」の打ち方は、言葉のつながりを考えましょう。

■問題1

これでは、弟といっしょに妹をむかえに行くのか、弟と妹の二人をむかえに行くのか、わかりません。

①「図書館に行った弟と」の後に「、」を打つことで言葉のつながりが切れます。その結果、「弟と」はすぐ下の「妹を」にではなく、「弟と」→「行ってくださいね」とつながります。

②「図書館に行った弟と妹を」の後に「、」を打つことで言葉のつながりが切れ、「弟と妹を」→「(むかえに) 行ってくださいね」となります。

■問題2

①これではえいががユニークなのか、解説がユニークなのか、わかりません。ユニークなのが「えいが」とするには、「ユニークなえいがの」の後に「、」を打つことで、「ユニークな」と「えいが」がつながります。

②これではプレゼントされたのがバッグなのか、財布なのかわかりません。「プレゼントされた」の後に「、」を打つことで、すぐ下の「バッグ」ではなく、「財布」につながります。「父からプレゼントされた」→「財布」、「バッグの中の」→「財布」となります。

▶20～21ページの答え

ステップ 3

⇓助動詞《じょどうし》と助詞《じょし》の使い方（1）

助詞《じょし》の識別《しきべつ》

学習した日　月　日

1 学校のけいじ板に、次のようなプリントがはってありました。プリントの内容《ないよう》を読んで、下の問題に答えましょう。

保健《ほけん》だより 12月

校内でかぜがはやっています。今週は、クラスで10人も(1)、かぜでお休みしました。

来週は、今週(2)（ほど／だけ）には気温が下がらないようですが、あいかわらず寒い日が続きます。引き続き手あらい・うがいをしっかりとし、健康で元気に過《す》ごしましょう。

①(1)――の「も」には、この文章を書いた人のどのような気持ちがこめられていますか。考えて書きましょう。

かぜで休んだ人数がとても多いと感じている。

②(2)――のうち、正しい方を選び、○で囲みましょう。（ほど）

論理ポイント

助詞《じょし》は、言葉と言葉をつなげるだけでなく、文の意味を決定づける重要な役わりをはたしています。たとえば、問の文の「も」はたったの一語ですが、そこからは、筆者は10人という人数を「とても多い」と感じていることが伝わってきますね。**助詞《じょし》を正しく使えるようになると、文の読み書きがぐっと豊《ゆた》かなものになるのです。**

2 次の文の□に入るひらがなを後から選んで書き入れましょう。同じひらがなを何回使ってもかまいません。

① この山に［は］、毎年冬休み［が］近くなると、近く［の］小学校の子どもたち［が］十人ほど、スキー［を］楽しむため［に］やってくる。

② 先生［は］（が）、「わたしたち日本人［は］、日本語［を］使って読み、書き、話し、そして考える。だからこそ、日本語［が］正しく使えるよう［に］なること［の］大切さは、どれほど強調して［も］強調しすぎること［は］ない」［と］おっしゃった。

は　が　の　を　に　も　と

くわしい考え方

ステップ3は、助詞と助動詞の使い方を学習します。

実はたいていの文章では、単語の二割、三割くらいが助詞と助動詞です。その助詞、助動詞を使いこなすことが、正確な日本語を書くためには必要なのです。

しかし、キミたちはふだんから日本語を使っているはずで、そのとき、何となく使っている助詞・助動詞の、正確な使い方を意識してみるだけでいいのです。

まずは助詞の使い方です。

助詞は言葉と言葉をつなぐ役割をするだけでなく、意味をつけ加えることがあります。一つひとつの助詞の使い方を意識してみましょう。

■問題1

①「10人がかぜで休みました」と、「10人もかぜで休みました」を比べてみてください。

②「今週ほどには気温がさがらない」なら、今週が非常に寒かったとわかります。来週はそれよりはましだということです。「だけ」は、限定。㋖「僕だけ試合に負けた。」

■問題2

ふだんから自分がどれだけ正確な助詞の使い方をできているか、試してみましょう。基本的には全問正解しなければなりません。もし、間違ったなら、どこが間違ったのか、じっくりと考えてみましょう。

▶22～23ページの答え

ステップ 3

⇓助動詞《じょどうし》と助詞《じょし》の使い方（2）

助動詞《じょどうし》の識別《しきべつ》

学習した日　　月　　日

1 次の文で、「話し手の考え」がより表れているのは、(ア)(イ)のどちらでしょうか。

（ア）朝から体調が悪くて、どうやら熱もありそうだ。

（イ）朝から体調が悪くて、どうやら熱もあるそうだ。

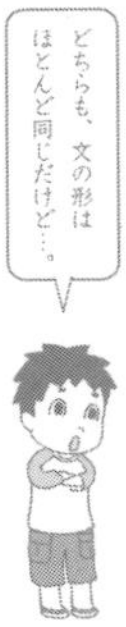

論理ポイント

同じように「そうだ」という助動詞《じょどうし》で終わっている文ですが、(ア)は自分で考えて判断《はんだん》したという意味に、一方の(イ)はだれか他の人に聞いたという意味になります。このように助動詞《じょどうし》は助詞《じょし》と同様、文の意味を決定づける働きがあります。

話し手の考えが表れているのは

（ア）

2 次の文で、A・Bの文を比《くら》べた場合、Bの文にはどのような意味が付け足されていますか。考えて答えましょう。

①
A ろうかに立つ。
B ろうかに立たせる。

付け足された意味

人に何かをさせる（使役）

②
A この問題はとてもやさしい。
B この問題はとてもやさしいらしい。

付け足された意味

予測（推量）または人から聞いたこと（伝聞）

③
A 夏休みには、本を十さつ読む。
B 夏休みには、本を十さつ読みたい。

付け足された意味

自分の希望（願望）

〈〈〈 答えは「別冊」の11ページに！

くわしい考え方

今度は助動詞の使い方のトレーニングです。

助動詞は助詞と違って、下に来る言葉によって形が変化（活用）します。助詞よりも数が少ないけれど、どれも大切な言葉です。

■問題1

「そうだ」には、自分が考えてそのように判断した（様態）ときと、人から聞いたことを伝える（伝聞）ときの二通りの意味があります。アは「ありそうだ」で、自分で判断したとき。イは「あるそうだ」で、人から聞いたとき。「あり」と「ある」の違いに注意してください。

■問題2

① 「せる」は、人に何かをさせる（使役）ときに使います。

② 「らしい」は、何か予測する（推量）ときか、人から聞いた（伝聞）ときに使います。

③ 「たい」は、自分の希望（願望）を表します。

▶24～25ページの答え

ステップ3 助動詞《じょどうし》と助詞《じょし》の使い方(3)

助詞《じょし》と助動詞《じょどうし》のはたらき

学習した日　月　日

1 ――部の助詞《じょし》・助動詞《じょどうし》の働《はたら》きとして最も適当《てきとう》なものを下から選び、記号で答えましょう。

人魚は、南の方の海に(1)ばかり棲《す》んでいるのではありません(2)。北の海に(3)も棲《す》んでいたのであります。

北方《ほっぽう》の海の色は、青うございました(4)。あるとき、岩の上に、女の人魚があがって、あたりの景色をながめ(5)ながら休んでいました(6)。

（小川未明《おがわみめい》「赤い蝋燭《ろうそく》と人魚」より）

ア　同時に行なわれる意味を表すもの

イ　こうだろうと想像《そうぞう》する意味を表すもの

ウ　過去《かこ》のことを表すもの

エ　限定《げんてい》の意味を表すもの

オ　ていねいな言い方

カ　他にもあることを表すもの

キ　打ち消しを表すもの

助詞《じょし》や助動詞《じょどうし》が文の表現《ひょうげん》を豊《ゆた》かにしてくれていることを確《たし》かめよう。

(1) エ　(2) キ　(3) カ　(4) オ　(5) ア　(6) ウ

24

2 次の文を読んで、下の問いに答えましょう。

（右ページの話の続きです。子を身ごもっている人魚は、自分の子には、暗く冷たい海の中ではなく、人間の世界で暮らしてほしいと願っていました。）

幸い、私《わたし》たちは、みんなよく顔が人間に似《に》ている(1)□□でなく、胴《どう》から上は人間そのままなのであるから――魚や獣物《けもの》の世界でさえ(2)、暮《く》らされる(3)ところを思えば――人間の世界で暮《く》らされ(4)□□ことはない。

（小川未明《おがわみめい》「赤い蝋燭《ろうそく》と人魚」より）

① (1)と(4)の□にひらがなを入れて文を完成させましょう。

(1) ばかり　(4) ない

(1)には限定《げんてい》の意味を表す言葉が入るよ。

② (2)――の「さえ」は、例を強調し、ほかのものは当然であると予測《よそく》させる言葉です。同じような意味を表す二字の言葉を考えて書きましょう。

すら

③ (3)――の「れる」と同じ働きをもつものを次から選び、記号に丸をつけましょう。

ア（〇）　これならすぐに覚えられる。

イ　先生が家庭ほうもんに来られる。

ウ　父にはおこられることが多い。

25　<<< 答えは「別冊」の12ページに！

くわしい考え方

最後は、助詞と助動詞の総復習です。

■問題1

①「南の方の海にだけ」という意味。

②「あります」を打ち消します。

③すでに「南の方の海」に住んでいると述べ、そのうえ「北の海」にも住んでいることを表しています。

④ていねい語の「ます」に過去を表す助動詞「た」がついて「まし」となったものです。「ございます」で一語とする考え方もあります。

⑤景色をながめることと、休むことを同時に行っています。

⑥過去の出来事を表します。

■問題2

①「人間に似ているだけ」の「だけ」と同じ意味で二字の助詞を入れます。

②例「この問題は僕ですら解けた」。この場合、「僕」ができない例として示され、その「僕」ができたのだから、他の人も解けるはずだと述べています。

③「れる」「られる」には、受け身、尊敬、自発、可能の四つの意味があり、どれも重要です。ここでは可能（できる）の意味です。

アは可能、イは尊敬、ウは受け身です。

▶26～27ページの答え

ステップ 4

⇛一文の論理構造《ろんりこうぞう》と要点（1）

一文の分解《ぶんかい》

学習した日　月　日

①次の文は、一文が長すぎて意味がわかりづらくなっています。この文を四つに分けて、それぞれ主語と述語《じゅつご》のある文の形に直して書きましょう。省略《しょうりゃく》されている主語もおぎなって書きましょう。

ぼくも地球かん境《きょう》のために何かしたいと思ったが、いいアイデアが思いつかなかったので、まず家でのゴミの分別をてっていすることにし、分別のしかたを町のホームページで調べた。

言いたいことがまとまらなくて、ぼくもよくこういう文を書いちゃうんだ。

ぼくも地球かん境のために何かしたいと思った。

ぼくはいいアイデアが思いつかなかった。

ぼくはまず家でのゴミの分別をてっていすることにした。

ぼくは分別のしかたを町のホームページで調べた。

②次の文を三つに分けて、それぞれ主語と述語のある文の形に直して書きましょう。省略《しょうりゃく》されている主語もおぎなって書きましょう。

むすめは、自分の思いつきで、きれいな絵をかいたら、みんなが喜んで、ろうそくを買うだろうと思いましたから、そのことをおじいさんに話しますと、そんならおまえの好きな絵を、ためしにかいてみるがいいと答えました。

（小川未明《おがわみめい》「赤い蝋燭《ろうそく》と人魚」より）

むすめは、自分の思いつきで、きれいな絵をかいたら、みんなが喜んで、ろうそくを買うだろうと思いました。

むすめは、そのことをおじいさんに話しました。

おじいさんは、そんならおまえの好きな絵を、ためしにかいてみるがいいと答えました。

論理ポイント

これまで学んできた「主語と述語《じゅつご》」や「言葉のつながり」をもとに、一文の構造《こうぞう》をつかまえていきましょう。長い一文も、こうやって短い文に分けていけば、文の構造《こうぞう》がすっきりと見えてきます。

くわしい考え方

一文は、要点となる言葉（主語と述語など）と、説明する言葉とで成り立っていることがわかりました。さらには、すべての言葉は他の言葉とつながりをもっていることもわかりました。助詞、助動詞が重要な働きをしていることも学習しましたね。

もう「何となく」といった読み方から、一つひとつの言葉を意識する読み方に徐々に変わっていったと思います。

そこで、一文がいかに規則的にできているかを確かめましょう。

■問題1

問題文は4つの文が合わさってできています。主語と述語に着目して、4つの文に分解します。

「ぼくも～思った」、「(ぼくは)～思いつかなかった」、「(ぼくは)～することにし」、「(ぼくは)～調べた」と、4つの「主語と述語」の関係があります。

■問題2

「むすめは～と思いました」「(むすめは)～話しますと」「(おじいさんは)～答えました」と、3つの「主語と述語」の関係があります。特に、3番目の文で、主語が「むすめ」から「おじいさん」に変わっていることに注意しましょう。

▶ 28 ～ 29 ページの答え

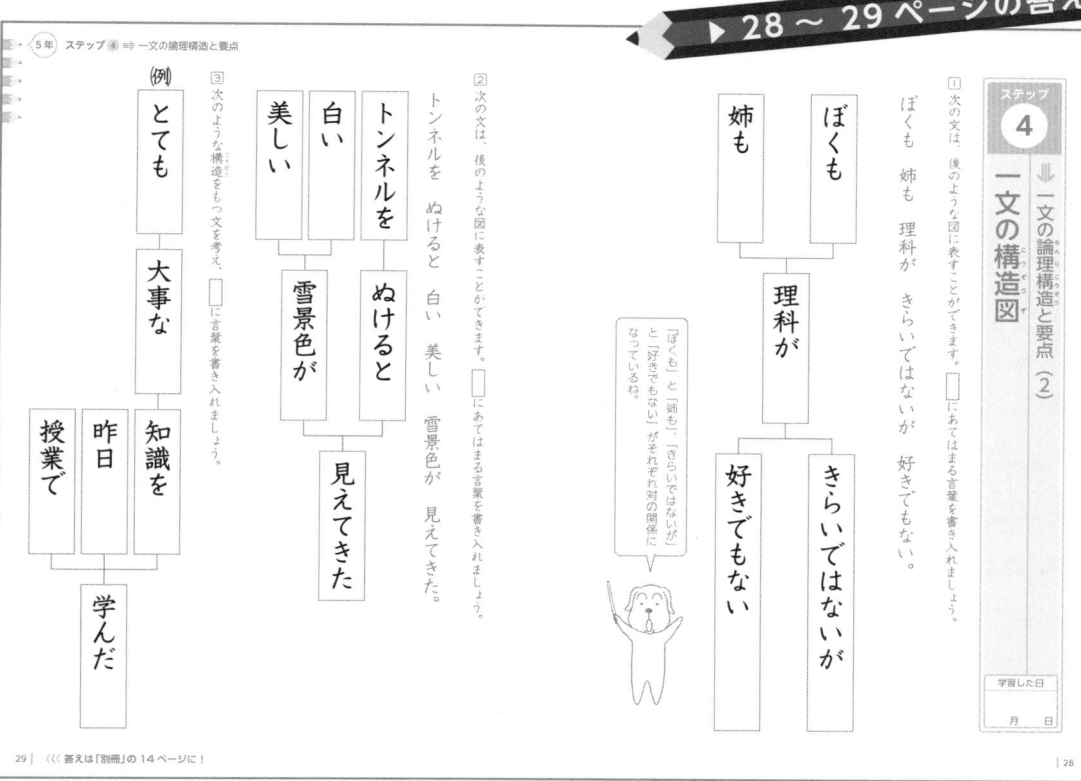

ステップ 4

⇓ 一文の論理《ろんり》構造《こうぞう》と要点（2）

一文の構造図《こうぞうず》

学習した日　月　日

1 次の文は、後のような図に表すことができます。□にあてはまる言葉を書き入れましょう。

ぼくも　姉も　理科が　きらいではないが　好きでもない。

ぼくも
姉も
理科が
きらいではないが
好きでもない

2 次の文は、後のような図に表すことができます。□にあてはまる言葉を書き入れましょう。

トンネルを　ぬけると　白い　美しい　雪景色が　見えてきた。

トンネルを
白い
美しい
ぬけると
雪景色が
見えてきた

3 次のような構造《こうぞう》をもつ文を考え、□に言葉を書き入れましょう。

(例)
とても
大事な
知識を
昨日
授業で
学んだ

くわしい考え方

一文が論理的にできているならば、それを図式化ができるはずです。それを「一文の構造図」といいます。

今まで学習したことを使って、一文の論理構造を読み取りましょう。

■問題1

主語が「ぼくも姉も」で、述語が「きらいではないが」「好きでもない」。そして、「ぼくも」と「姉も」、「きらいではない」と「好きでもない」が、それぞれ対の関係になっていることがわかります。

構造図は上から下へ読んでいくとつながります。

「ぼくも理科がきらいではない」　「姉も理科がきらいではない」

「ぼくも理科が好きでもない」　「姉も理科が好きでもない」

■問題2

①述語が「見えてきた」で、主語は「雪景色が」です。

「トンネルを」→「ぬけると」→「見えてきた」

「白い」→「雪景色が」→「見えてきた」

「美しい」→「雪景色が」→「見えてきた」

とつながります。このように「言葉のつながり」ができていることが、構造図にするとよくわかりますね。

「白い」と「美しい」が並列《へいれつ》で、ともに「雪景色」を説明する言葉です。

②述語が「学んだ」で、主語の「私は」が省略されています。

「知識を」→「学んだ」

「昨日」→「学んだ」

「授業で」→「学んだ」

と、それぞれ「学んだ」を説明しています。

「とても」→「大事な」→「知識を」とつながります。

▶30〜31ページの答え

ステップ 4 ⇒ 一文の論理《ろんり》構造《こうぞう》と要点（3）

要点をまとめる

学習した日　月　日

[1] 次の文から要点をぬき出し、下のます目に合うように書き入れましょう。

両親は言葉を話せる人間となったボクを心から祝福してくれた。

（乙武洋匡《おとたけひろただ》『五体不満足 完全版《かんぜんばん》』講談社《こうだんしゃ》 より）

論理ポイント

文の要点を発見し、指定された字数でまとめることは、記述《きじゅつ》問題や要約問題への第一歩です。まずは「主語」と「述語《じゅつご》」をおさえましょう。
でもそれだけでは意味が通じないこともあるので、必要に応《おう》じて言葉をおぎないましょう。

文の要点

両親 は ボクを祝福 してくれた。

[2] 次の文の要点を、①②は十五字以内、③は二十五字以内でまとめましょう。※習っていない漢字は、ひらがなで書いてもかまいません。

① 怒《いか》り心頭のボクは机《つくえ》まで駆《か》け寄《よ》ると、体当たりで机《つくえ》をひっくり返す。

ボクはつくえをひっくり返す。

② 父も、そんなボクがおもしろかったらしく、四角い木に絵が描いてある積み木を買ってきて「レッスン」を開始した。

父も(は)「レッスン」を開始した。

③ 幼稚園《ようちえん》でリーダーを気取っていたことからも分かるように、当時のボクは鼻っ柱が強く、友達と衝突《しょうとつ》することも少なくなかった。

ボクは友達としょうとつすることも少なくなかった。

（乙武洋匡《おとたけひろただ》『五体不満足 完全版《かんぜんばん》』講談社《こうだんしゃ》 より）

くわしい考え方

一文が要点となる言葉とその説明となる言葉とで成り立っているなら、要点を取り出せば一文の要約が可能です。

■問題1

述語が「祝福してくれた」で、主語は「両親は」。

そこで、「両親は祝福してくれた」となりますが、これだけではだれを祝福したのかわかりませんから、一文は不完全です。そこで、「ボクを」をおぎないます。

■問題2

①述語が「ひっくり返す」で、主語は「ボクは」。何をひっくり返したのかわからないので、「机」をおぎないます。

②述語が「開始した」で、主語は「父も」。何を開始したのかわからないので、「レッスン」をおぎないます。

③述語は「少なくなかった」で、主語は「ボクは」。何が少なくなかったというと、「衝突すること」。

このようにいつも同じ順番で問題を考えていきましょう。そうするうちに日本語の規則がわかり、やがて自然と規則にしたがって文章を読み、問題を解くことができるようになっていきます。

▶32～33ページの答え

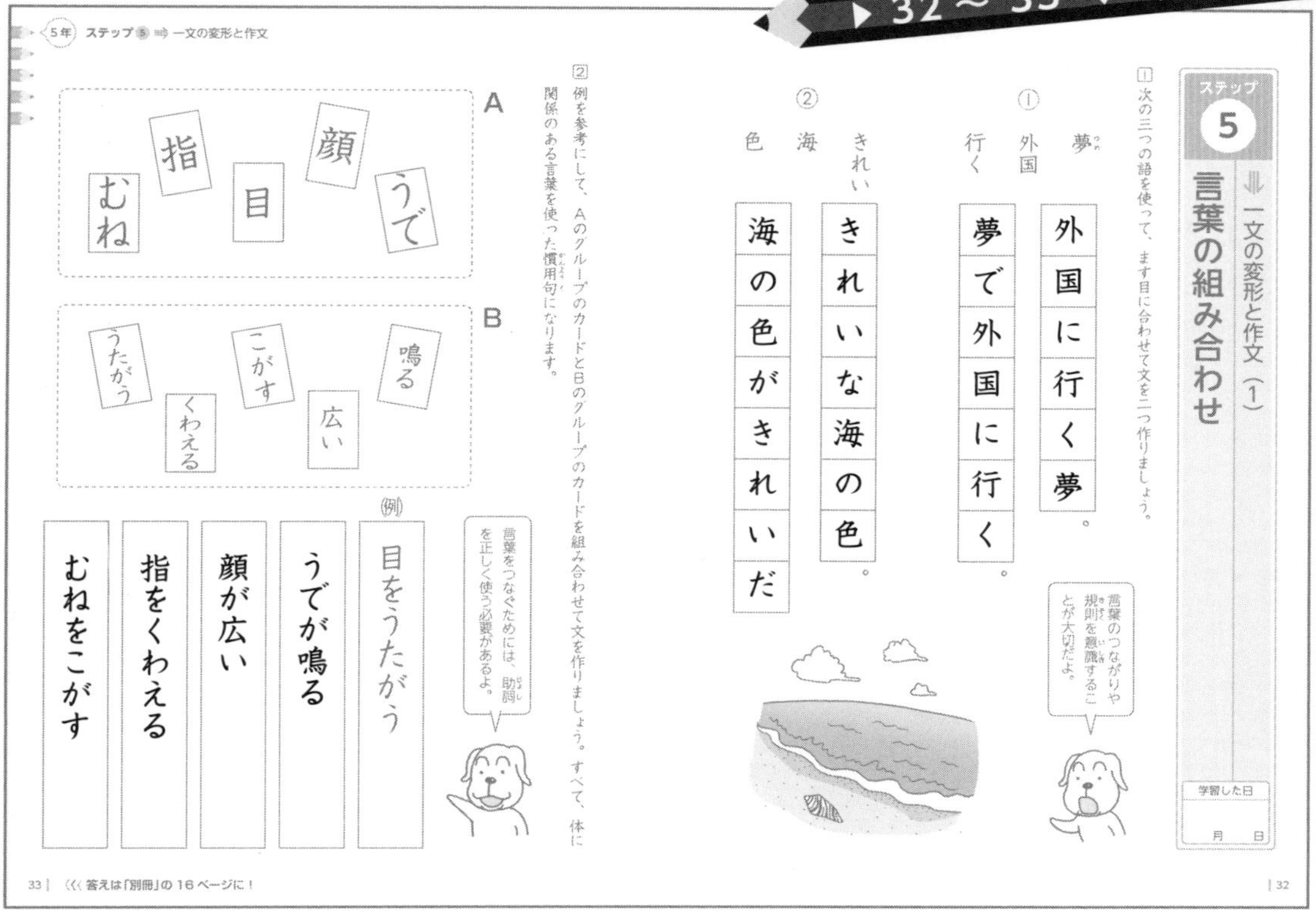
ステップ 5 ⇓一文の変形と作文（1）

言葉の組み合わせ

学習した日　月　日

1 次の三つの語を使って、ます目に合わせて文を二つ作りましょう。

① 夢《ゆめ》　外国　行く

外国に行く夢。

夢で外国に行く。

② きれい　海　色

きれいな海の色。

海の色がきれいだ

言葉のつながりや規則《きそく》を意識《いしき》することが大切だよ。

| 32

5年 ステップ5 ⇒一文の変形と作文

2 例を参考にして、Aのグループのカードと Bのグループのカードを組み合わせて文を作りましょう。すべて、体に関係のある言葉を使った慣用句《かんようく》になります。

A　顔　うで　目　指　むね

B　鳴る　広い　こがす　くわえる　うたがう

(例) 目をうたがう

うでが鳴る

顔が広い

指をくわえる

むねをこがす

言葉をつなぐためには、助詞《じょし》を正しく使う必要があるよ。

33 | 〈〈〈 答えは「別冊」の16ページに！

くわしい考え方

一文を変形したり作成したりします。もちろん、そのためには言葉の規則に従わなければなりません。

これは記述式問題を解いたり、作文を書くときに必要な力を養う、大切なトレーニングです。

■問題1

①述語にできるのが「行く」。後は、「言葉のつながり」を考えると、「外国に行く」となります。

後は、「夢」とのつながりを考えると、「外国に行く夢」と、「夢で外国に行く」となります。このとき、助詞の使い方を確認してください。

②「きれい」は、「きれいな海」とつなげるか、「きれいだ」と述語にするか、二通りあります。

後は「言葉のつながり」を考えると、「きれいな海の色」、「海の色がきれいだ」となります。「きれい」は、「海」を説明するときと、述語になるときとでは、形が異なることに注意しましょう。

■問題2

「主語と述語」「述語と目的語」との組み合わせを考えます。そのときに、必要な助詞を補いましょう。「目をうたがう」「うでが鳴る」「顔が広い」「指をくわえる」「むねをこがす」の、助詞の使い方が大切です。

ステップ 5

一文の変形と作文（2）

いらない言葉

学習した日　月　日

1 言葉の書かれたカードがバラバラに落ちています。正しい順序《じゅんじょ》にならべて、一つの文を作りましょう。ただし、不必要なカードが二つあります。

指名してくるので　先生は　まったく
気が　いきなり　授業中《じゅぎょうちゅう》に
ねむくなるので　ゆっくり　ぬけない

ならべかえてできた文

先生は授業中にいきなり指名してくるのでまったく気がぬけない。

論理ポイント

「まったく―ない」という言葉のつながりは決まりです。あとは、「まったく―ない」ことの理由を示《しめ》す言葉として、「指名してくるので」と「ねむくなるので」のどちらがあてはまるかを考えましょう。

2 次の言葉を正しい順序《じゅんじょ》にならべかえて、一つの文を作りましょう。ただし、不必要な言葉が二つずつあります。

①
生きている　たがいに
できない　助けたり
わたしたちは　しながら
助けられたり　しても

ならべかえてできた文

わたしたちは、たがいに助けたり助けられたりしながら生きている。

②
なって　君たちには
役に立つ　人間が
りっぱな　人間に
みたい　ほしい
社会の　ぜひ

必要に応《おう》じて、句読点《くとうてん》をつけて書こう。

ならべかえてできた文

君たちには、ぜひ社会の役に立つりっぱな人間になってほしい。

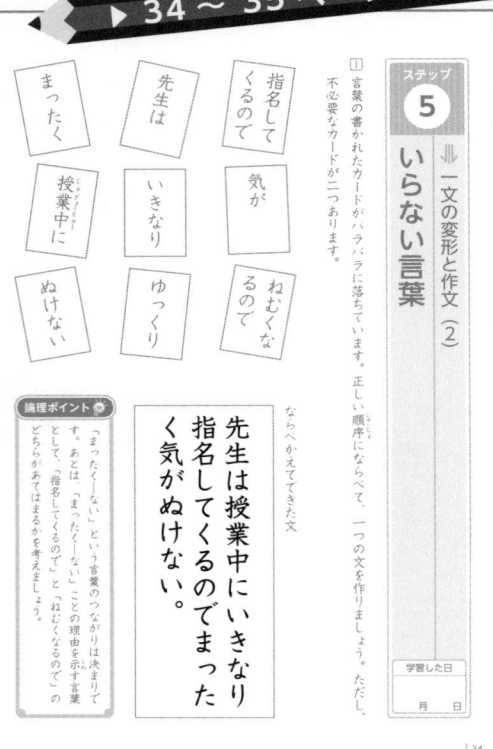

くわしい考え方

一文の変形と作文の応用問題です。

大切なのは答えではなく、どのような考え方をしたかです。ただ何となく解くのではなく、どのような規則を使えばいいのかを意識してください。

■問題1
述語から考えると、「気が」→「ぬけない」となります。主語は「私は」ですが、カードがないので、省略されていることがわかります。「まったく」は「気がぬけない」につながる言葉です。そこで、「まったく気がぬけない」となります。

カードを見ると、「指名してくるので」と「ねむくなるので」があります。ともに理由を表す助詞「ので」がありますが、「気がぬけない」理由としては、「指名してくるので」の方だとわかります。「指名してくる」の主語は「先生」。そこで、「先生が指名してくるので、まったく気がぬけない」となります。

残ったカードは「授業中に」「いきなり」と「ゆっくり」。「言葉のつながり」を考えると、「いきなり」→「指名してくる」、「授業中に」→「指名してくる」となるので、「先生は授業中にいきなり指名してくるのでまったく気がぬけない」が答えです。

■問題2
①述語は「生きている」で、主語は「わたしたちは」。カードの中に、「助けたり」「助けられたり」と対のものがあることに着目します。次に、「生きている」につながる言葉を考えると、「私たちは」「助けたり助けられたりしながら」「生きている」となります。
後は、言葉のつながりを考えると、「たがいに」→「生きている」となります。「できない」「しても」は、つながる言葉がありません。
②述語は「なってほしい」で、何になってほしいのかを考えると、「社会の」「役に立つ」「人間に」、「立派な」→「人間に」と、それぞれ「人間に」を説明する言葉だと分かります。あとは、「ぜひ」→「なってほしい」、「君たちには」→「なってほしい」とつながります。「人間が」「みたい」は、つながる言葉がありません。
このように「主語と述語の関係」「言葉のつながり」「助詞・助動詞の使い方」と、今まで学習したことを使って問題を解いていくのです。

文の書きかえ

学習した日　月　日

1 次の文を、――線部を主語にして書きかえましょう。

① 母はわたしたちをきびしくしかった。

② 先週の台風で、桜《さくら》の木の花はすっかり落ちてしまった。

③ 先生のかけ声に、わたしたちはとても勇気づけられた。

論理ポイント

主語が変われば、述語《じゅつご》も変わります。①は、「母は―しかった」が主語と述語でしたが、「わたしたち」を主語にすると、述語は「しかられた」となります。②、③も述語の変化に気をつけて考えましょう。

①
わたしたちは母にきびしくしかられた。

②
先週の台風は、桜の木の花をすっかり落としてしまった。

③
先生のかけ声は、わたしたちをとても勇気づけた。

2 次の――線部(1)・(2)の文を、それぞれの指示《しじ》にしたがって書きかえましょう。

(1)ノーベル賞はダイナマイトの発明者であるアルフレッド・ノーベルのゆい言にもとづいて設立《せつりつ》されました。物理学賞、化学賞、生理学・医学賞、文学賞、平和賞、経済学《けいざいがく》賞の６つの賞があり、(2)文学賞はスウェーデン・アカデミーにより選考が行われます。日本人では、川端康成《かわばたやすなり》と大江健三郎《おおえけんざぶろう》の２名が、このノーベル文学賞を受賞しています。

(1) 「ノーベル賞です。」で終わる文にする。

ダイナマイトの発明者であるアルフレッド・ノーベルのゆい言にもとづいて設立されたのが、ノーベル賞です。

(2) 「スウェーデン・アカデミー」を主語にする。

スウェーデン・アカデミーが文学賞の選考を行います。

答えは「別冊」の 18 ページに！

くわしい考え方

文の「書きかえの練習」は、記述式問題を解く上でとても役に立ちます。

■問題1

①主語が「わたしたちは」に変わったので、述語を「しかられた」にします。「母は」は、「母に」→「しかられた」と、言葉のつながりが変われば、助詞を変えなければなりません。

②主語が「台風は」に変わったので、述語を「落としてしまった」に変えます。あとは「言葉のつながり」を考えると、「桜の木の花を」→「落としてしまった」と、助詞が変わります。

③主語が「かけ声は」に変わったので、述語を「勇気づけた」に変えます。あとは、言葉のつながりから、「わたしたちを」と助詞を変えます。

■問題2

(1)今度は述語から主語を考えます。述語が「ノーベル賞です」に変わったので、主語を「設立されたのが」に変えます。

(2)主語が「スウェーデン・アカデミー」に変わったので、述語を「行います」に変えます。「選考を」と、助詞が変わることにも注意しましょう。

▶ 38 ～ 39 ページの答え

ステップ 5

一文の変形と作文（4）

文を組み合わせる

学習した日　月　日

1 日本の都道府県について調べています。Aの文がBの文の――線部につながるようにして、一文にまとめましょう。

① 山形県

A 山形県はくだもののさいばいがさかんである。
B 山形県はさくらんぼの生産量が日本一である。

くだもののさいばいがさかんな山形県は、さくらんぼの生産量が日本一である。

② 長野県

A 長野県は中部地方に位置している。
B 長野県には、日本アルプスとよばれる山脈が走っている。

中部地方に位置している長野県には、日本アルプスとよばれる山脈が走っている。

2 日本の都道府県について調べています。Aの文がBの文の――線部につながるようにして、一文にまとめましょう。

① 愛知県

A 愛知県の県ちょう所在地《しょざいち》は名古屋市である。
B 名古屋市は中京工業地帯の中心で、製造業《せいぞうぎょう》がさかんだ。

愛知県の県ちょう所在地である名古屋市は、中京工業地帯の中心で、製造業がさかんだ。

② 岩手県

A 岩手県の太平洋側には三陸海岸がある。
B 三陸海岸の周辺は、世界有数の漁場として知られている。

岩手県の太平洋側にある三陸海岸の周辺は、世界有数の漁場として知られている。

くわしい考え方

今度は二文を一文にする問題です。ここでも、今まで学習したことを使って考えましょう。社会科的な問題ですね。

■問題1

①Bの「山形県は」は、主語です。そこで、Aの文を主語を説明する語句に変形します。「くだもののさいばいがさかんである」→「山形県は」としても間違いではありませんが、文末も「である」となるので、「くだもののさいばいがさかんな山形県は」としましょう。

②Aの文を、Bの「長野県」を説明する語句になるように変形します。「中部地方に位置している長野県」とすれば大丈夫ですね。

■問題2

①Aの文を「名古屋市」を説明する語句に変形します。「言葉のつながり」を意識すると、「愛知県の県ちょう所在地である」となります。

②Aの文を「三陸海岸」を説明する語句に変形します。「言葉のつながり」を意識すると、「岩手県の太平洋側にある」となります。

▶ 40 ～ 41 ページの答え

ステップ 6

⇓ 指示語《しじご》と接続語《せつぞくご》（1）

指示語《しじご》の内容《ないよう》をぬき出す

学習した日　月　日

① 次の――線部「あれ」が指す内容《ないよう》を、文中からぬき出しましょう。

「子犬が生まれたから、見にいらっしゃい」

ある日、近所に住むおばさんから、つとむくんにこんな電話がかかってきました。つとむくんは動物が大好き。すぐに、けんたくんもさそって見にいくことにしました。

「いらっしゃい、よく来たわね」

「おばさん、犬はどこ？」

待ちきれないつとむくんは、あたりをきょろきょろ見回します。

「もしかして、あれの中？」

居間に置いてある大きな段ボール箱に目がとまりました。すかさず、かけよります。

「うわー、かわいいなあ！」

箱をのぞきこんでみると、そこには七ひきの子犬がいました。

答え　大きな段ボール箱

② 次の――線部「それ」が指す内容《ないよう》を文中からさがし、□にあてはまる言葉を書きましょう。

（前のページの話の続きです）

その日の夕食の時間、お母さんがつとむ君にこうたずねました。

「おばさんちの子犬、もらってくれる人をさがしているんですって？　つとむ、どうする？」

「ほしい！」

つとむ君は、もちろん、まよわずそう答えました。

お母さんはまじめな顔でうなずきます。

「わかったわ。でもね、家族の一員として、責任をもって育てること。それだけは約束してほしいの。できる？」

「うん、もちろん。まかせてよ！」

こうしてつとむくんは、ずっとあこがれていた犬を飼うことになったのです。

答え　犬　を　家族の一員　として　責任をもって育てる　こと。

論理ポイント
同じ内容《ないよう》のくり返しをさけるために使う言葉が「指示語《しじご》」です。
指示語《しじご》が指している内容《ないよう》をさがすときは、まず指示語《しじご》の前からさがすのが鉄則《てっそく》。
なければ、指示語《しじご》のうしろをさがします。この問の文は、指示内容《しじないよう》が前にあるケースですね。

くわしい考え方

指示語と接続語のトレーニングです。指示語と接続語は、文と文、語句との論理的な関係を表す言葉です。だから、指示語と接続語に着目すると、論理的な読み方が可能になります。

まず指示語の使い方を学習しましょう。

「あること」をもう一度述べるときには指示語を使いますが、そのとき、指示語は「あること」を指していると言ったり、指示内容であると言ったりします。

そして、「あること」と指示語との間には、「イコールの関係」が成り立ちます。

「指示語のルール」

①指示語の指す内容はまず前から、前に指示内容がないときは後ろを探しましょう。

②まず近くからさがし、しだいに遠くをさがしていきます。

この順番を忘れないでください。

■問題1

「あれ」が指すものですが、前から探していくと書いてありません。そこで、後ろを探すと、「大きな段ボール箱」だとわかります。

■問題2

「それだけは約束してほしい」とあるので、お母さんが何を約束させようとしているのか、それを書いてある箇所を前から探します。すると、直前に「家族の一員として、責任をもって育てること」だとわかります。

次に、解答欄を見ると、「（　　　）を」とあるので、目的語の「犬」をおぎないます。

▶ 42～43ページの答え

ステップ 6

⇓ 指示語《しじご》と接続語《せつぞくご》（2）

指示語《しじご》が指す内容《ないよう》をまとめる

学習した日　月　日

1 次のまんがを読んで、下の問いに答えましょう。

① ――部(1)の「これ」が指す内容《ないよう》を、まんがのセリフの中からぬき出しましょう。

赤ちゃん

② ――部(2)の「あんなもん」とは、どういうことを指していますか。考えて書きましょう。

生まれたての赤ちゃんは、サルのようにしわくちゃだということ。

てんどう虫コミックス『ドラえもん』2巻《かん》「ぼくの生まれた日」より

③ ――部(3)の「あんなしつけ」とは、どういうことを指していますか。考えて書きましょう。

人の赤ちゃんにむかって、「サルみたい」と失礼なことを言うようなしつけ。

くわしい考え方

まんがであっても、指示語の使い方は変わりません。ただし、言葉は登場人物のセリフになっていることに注意しましょう。

■問題1

①前のコマで「見せて見せて」と言っているので、何を見たいのかというと、「赤ちゃん」だとわかります。

②指示語は直前から探していきます。すると、のび太のセリフに「しわくちゃじゃんか、まるでサルみたい」とあり、それを受けて、ドラえもんが「生まれたてはあんなもんだよ」と言ったとわかります。のび太のセリフは会話文なので、それを正確な一文に直します。

③指示語は直前からでしたね。「あんなしつけ」と言ったのは父親なので、その前の父親のセリフを見ると、「サルとはなんだっ」と怒っています。そこで、その前にのび太のセリフを見ると、「しわくちゃじゃんか、まるでサルみたい」が指示内容だとわかります。あとは、このセリフを正確な文に直すのですが、最後は「～しつけ」で終わるようにしてください。

▶44～45ページの答え

ステップ 6
⇓指示語《しじご》と接続語《せつぞくご》（3）
さまざまな接続語《せつぞくご》

学習した日　月　日

1 次の文が、①と②の意味を表すように、ます目に適切《てきせつ》な接続語《せつぞくご》を入れましょう。

雨がふってきた。
わたしは外に出かけた。

①雨がふらなかったら、外に出かけなかった。
↓
雨がふってきた。［だから］（そこで）、
わたしは外に出かけた。

②雨を気にせずに外に出かけた。
↓
雨がふってきた。［しかし］（けれど）、
わたしは外に出かけた。

論理ポイント

「接続語《せつぞくご》とは、前後の語句《ごく》と語句や、文と文、段落《だんらく》と段落《だんらく》をつなぐ働きをする言葉です。
主な接続語《せつぞくご》には、次のようなものがあります。
①前の内容《ないよう》が、後の内容《ないよう》の原因《げんいん》（理由）となる【順接《じゅんせつ》】。
（例）だから、したがって、すると、そこで
②前の内容《ないよう》とは逆《ぎゃく》の内容《ないよう》が後にくる【逆接《ぎゃくせつ》】。
（例）しかし、だが、ところが
③前に結果、後に原因《げんいん》（理由）がくる【理由】。
（例）なぜなら、というのは
④前後が対等の関係になる【並立《へいりつ》（並列《へいれつ》）】。
（例）また、および
⑤前の内容《ないよう》に後の内容《ないよう》を付け足す【累加《るいか》（添加《てんか》）】。
（例）しかも、そして、そのうえ

2 次の文を読んで、下の問いに答えましょう。

一年生の国語の時間、教科書で「手のはたらき」について学ぶという章があった。（略）
この単元の最後に、先生は「手を使うこと」という題目で、子どもたちに「今日、手を使って何をしたか」を書かせた。みんなは「歯をみがいた」「字を書いた」などと書いていたが、ボクは「椅子にのぼった」と書いた。
本来、椅子は「座る」ものであって、「のぼる」ものではない。（（1））、その動作に手は必要とされない。（（2））、ボクが椅子に座るためには、よじ登るようにしなければならない。そして、その際には短い手で椅子を押さえることが必要なのだ。（（3））、ボクは、「手を使って椅子にのぼりました」と書いたのだ。

（乙武洋匡『五体不満足　完全版』講談社　より）

①文中の（（1））～（（3））に入る接続語《せつぞくご》を次から選びましょう。ただし、同じ言葉を二回使ってはいけません。

しかも　しかし　そこで

(1) しかも
(2) しかし
(3) そこで

②①で答えた接続語《せつぞくご》と同じ意味で使える接続語《せつぞくご》を考えて書きましょう。

(1) そのうえ
(2) ところが（だが・けれども）
(3) だから

＜＜＜答えは「別冊」の22ページに！

くわしい考え方

接続語は文と文、語句との論理的関係を示す言葉です。そこで、接続語の問題を考える際は、必ずその前後の文や語句との論理的関係を考えるようにしましょう。

■問題1
①外に出かけた理由が、「雨がふってきた」ことなので、順接の「だから」。
②「雨がふってきた」にもかかわらず、外に出かけたので、逆接の「しかし」。

■問題2
しかも　添加（累加）
しかし　逆接
そこで　順接
①(1)本来椅子は「のぼる」ものではないとし、さらに「その動作に手は必要とされない」と付け加えたので、添加の「しかも」。
(2)直前は手が必要ではないこと、直後は手を使わなければならないとあるので、逆接の「しかし」。
(3)「ボク」が「手を使って椅子にのぼりました」と書いた理由が、空所直前にあるので、順接。
②(1)添加は、「そのうえ」「そして」など。
(2)逆接は、「だが」「ところが」など。
(3)順接は、「したがって」「すると」「だから」など。

▶ 46 ～ 47 ページの答え

ステップ 7

話題をつかむ

⇓ 話題と筆者の主張《しゅちょう》（1）

学習した日　月　日

1 次の文章の話題（テーマ）は何ですか。後のます目に合う形で答えましょう。

友だち関係のことで悩《なや》んでいる人が多いみたいだ。

友だちが少ない、友だちがいない、いじめられる。逆《ぎゃく》に、友だちの多さをリストに並《なら》べて自慢《じまん》する人もいるらしいけど、そんな重大な関心事である友だちって、いったい何だろう。友だちがいるかいないかということが、なぜそれほど大問題であるように思われるのだろう。

（池田晶子《いけだあきこ》『14歳《さい》からの哲学《てつがく》　考えるための教科書』トランスビュー　より）

この文章の話題　**友だち**　について

論理ポイント

論理《ろんり》的な読み方を身につけるためには、文の「話題」を意識《いしき》することも重要です。話題とは、その文を通して筆者が伝えたいこと。そして次に、その話題に対して筆者がどのように考えているのか——つまり「筆者の主張《しゅちょう》」を意識《いしき》して読んでいくようにしましょう。

問の文では、文章のはじめから、すべての文に「友だち」という言葉がくり返し登場しています。

2 次の文章の話題（テーマ）は何ですか。「…について」につながる形で答えましょう。

※習っていない漢字は、ひらがなで書いてもかまいません。

太陽系《たいようけい》のあちこちからやってくる流れ星の多くは大気との摩擦《まさつ》で溶《と》けてしまい、地上には届《とど》きません。しかし、ごくごく小さな宇宙塵《うちゅうじん》は、大気に飛びこんでもすぐに速度が落ちて熱くなりません。また、逆《ぎゃく》に大きすぎる流れ星は、全部は溶《と》けきらずに隕石《いんせき》となって、地表に落ちてきます。これらを調べると、太陽系《たいようけい》の始まりがどんなようすだったかがわかってくるのです。

（松浦晋也《まつうらしんや》『飛べ！　はやぶさ　小惑星探査機《しょうわくせいたんさき》60億キロ奇跡《きせき》の大冒険《だいぼうけん》』学研教育出版　より）

この文章の話題　**太陽けい（の始まり）**　について

3 次の文章の話題（テーマ）は何ですか。「…について」につながる形で答えましょう。

※習っていない漢字は、ひらがなで書いてもかまいません。

身の回りにある情報《じょうほう》すべての根拠《こんきょ》を自分で確認《かくにん》するというのは、とてつもなくたいへんですが、情報《じょうほう》に触《ふ》れるときに日ごろから「どうしてかな」とか、「根拠《こんきょ》はなんだろう」と少しでも感じたり、考えたりすることはとても重要なことだと思います。

（佐倉統《さくらおさむ》・古田ゆかり『おはようからおやすみまでの科学』筑摩書房《ちくましょぼう》より）

この文章の話題　**情報（の根きょ）**　について

⇐くわしい考え方⇐

一文を論理的に読み取るトレーニングの次に、文と文との論理的関係を読み取る練習をしてきました。そして、いよいよこれから文章を論理的に読む訓練に入っていきます。

そのためには今までのようにただ何となく読むという読み方から、文章の中の論理を意識して読む読み方へと徐々に変えていかなければなりません。

その第一歩が、「話題」です。文章を読むときのとっかかりとして、問題文はどんな話題について書いてあるのかを意識しましょう。

■問題1

最初に「友だち関係のこと」とあります。次に「友だちが少ない、友だちがいない」と、「友だち」について具体的に述べられ、さらに「友だちって、いったい何だろう」とあります。

そこで、この文章を読むとき、話題は「友だち」だと意識して読んでいくことになります。

■問題2

文章の冒頭に着目しましょう。なるべく早く「話題」をつかんでいきます。「太陽系」という言葉から始まり、最後は「これらを調べると、太陽系の始まりがどんなようすだったのかわかってくる」とあるので、「太陽系（の始まり）」について書かれた文章だとわかります。

■問題3

この文章は一文で成り立っています。主語と述語は「（私は）～思います」で、何を思ったのかというと、述語が「とても重要なことだ」なので、その主語は「身の回りにある情報すべての根拠を自分で確認する」ということです。「身の回りにある」「すべての」「自分で」は説明の言葉なので、話題は「情報」、あるいは「情報の根拠」です。

▶48～49ページの答え

ステップ7

⇒話題と筆者の主張《しゅちょう》（2）

話題と主張《しゅちょう》をつかむ（1）

学習した日　月　日

1 次の文章を読んで、下の問いに答えましょう。

※習っていない漢字は、ひらがなで書いてもかまいません。

わたしたちが夏の涼《すず》しさを求めるのに依存《いぞん》しきっているエアコンですが、これは電気を利用した機械です。電気はとても便利なエネルギーですが、電気を使わなくても十分に役割《やくわり》を果たす道具はたくさんあります。むしろ、電気を使うよりもいい結果が得られることもあります。電化や自動化が本当に必要な部分、技術の革新《かくしん》が必要な部分とそうでない部分をよく見極める目を持つことが必要だと思います。

（佐倉統《さくらおさむ》・古田ゆかり『おはようからおやすみまでの科学』筑摩書房《ちくましょぼう》より）

① この文章の話題は何ですか。「…について」という形で答えましょう。

電気（エネルギー） について

② 筆者の主張《しゅちょう》を、「…が…だ」の形で文中からぬき出しましょう。

電化や自動化が本当に必要な部分、技術のかく新が必要な部分とそうでない部分をよく見極める目を持つことが必要だ

2 次の文章を読んで、下の問いに答えましょう。

※習っていない漢字は、ひらがなで書いてもかまいません。

じっさい、完全な親なんか、人間の中には存在《そんざい》しないんだ。完全な親であることができるのは、動物の親だけだ。なぜなら、彼《かれ》らの目的は生命を全うすることだけだからだ。でも、人間はそうじゃない。生命としての人生をどんなふうに生きるのか、それを考えてしまうからだ。人生の真実とは何なのか、死ぬまで人は考えているのだから、その限《かぎ》りすべての人間は不完全だ。どうして君の親ばかりが完全であるはずがあるだろう。

（池田晶子『14歳《さい》からの哲学《てつがく》　考えるための教科書』トランスビューより）

① この文章の話題は何ですか。「…について」につながる形で、五文字以内で答えましょう。

完全な親 について

② 筆者の主張《しゅちょう》を二十字以内で文中からぬき出しましょう。

※習っていない漢字は、ひらがなで書いてもかまいません。

完全な親なんか、人間の中にはそん在しない

〈〈〈 答えは「別冊」の24ページに！

くわしい考え方

文章を読むときは、まず「話題」に注目します。次に、筆者がその話題について何を主張しようとしているのか、「筆者の主張」を読み取ります。

■問題1

最初にエアコンが登場しますが、それは「電気を利用した機械」の一つにすぎません。二つ目の文で、「電気は～」とあるので、「話題」は電気です。

では、次に「電気」についての、「筆者の主張」を読み取っていきます。「電気はとても便利なエネルギーですが～こともあります」までは、次に述べる「筆者の主張」の説明部分です。「電化や自動化が本当に必要な部分、技術の革新が必要な部分とそうでない部分をよく見極める目を持つことが必要だ」が、「～と思います」とあることからも、「筆者の主張」だとわかります。

このように文章は「筆者の主張」とそれを説明している部分とに分けられます。これは一文が要点と説明の部分で成り立っていることと同じです。

■問題2

冒頭で「完全な親なんか」と述べ、さらに二つ目の文でも「完全な親であることができるのは」とあるので、話題は「完全な親」。さらに冒頭の「完全な親なんか、人間の中には存在しないんだ」という主張を、最後で「すべての人間は不完全だ。どうして君の親ばかりが完全であるはずがあるだろう」とくり返しているので、最初の一文が「筆者の主張」です。

▶ 50 ～ 51 ページの答え

ステップ 7

⇒ 話題と筆者の主張《しゅちょう》（3）

話題と主張《しゅちょう》をつかむ（2）

学習した日　月　日

[1] 次の文を、下の①と②の二通りの形でまとめましょう。ただし、（ (1) ）には話題となる言葉が、（ (2) ）には話題に対する筆者の主張《しゅちょう》が入ります。

※習っていない漢字は、ひらがなで書いてもかまいません。

かつて人々は、科学が明るい未来を切り拓《ひら》くというイメージを抱《いだ》いていましたが、扱《あつか》い方によっては原爆《げんばく》や公害、薬害など科学がもたらす負の部分があることも忘《わす》れてはなりません。これらは光と影《かげ》の関係にあるといってもいいでしょう。社会問題となった「科学による望まない結果」＝公害や薬害を経験《けいけん》しました。これからも、予測《よそく》し得ない健康障害《こうしょうがい》や環境破壊《かんきょうはかい》などが起こる可能性《かのうせい》があります。

（佐倉統《さくらおさむ》／古田ゆかり『おはようからおやすみまでの科学』筑摩書房《ちくましょぼう》より）

①（ (1) ）には（ (2) ）。

(1)（二字の熟語《じゅくご》）

科学

(2)（八字以内）

負の部分がある

②（ (1) ）には（ (2) ）。

(1)（二字の熟語《じゅくご》）

科学

(2)（二十字以内）

負の部分があることもわすれてはならない

[2] 次の文章を読んで、下の問いに答えましょう。

※習っていない漢字は、ひらがなで書いてもかまいません。

もしも、個性《こせい》とは、個性的《こせいてき》になろうとしてそうなるようなものであるなら、そこには必ず他人との比較《ひかく》があるはずだ。人と同じようにはするまい、人と同じようにはなるまいという、他人を気にする気持ちがあるはずだ。だったら、どうしてそんな人が個性的《こせいてき》であるはずがあるだろう。本来のその人がそうである仕方でそうであるのではないからだ。それできっとそういう人は、わざと変わったことや珍《めずら》しいことをして自己顕示《じこけんじ》する、いわゆる奇《き》をてらう振るまいをするだろう。そういう振《ふ》るまいを見て、君は、わざとらしいなと感じるだろう。個性的《こせいてき》であるということと、人と違《ちが》おうとするということとは、まったく逆《ぎゃく》のことなんだ。

（池田晶子《いけだあきこ》『14歳《さい》からの哲学《てつがく》　考えるための教科書』トランスビューより）

① 文を次のようにまとめたいと思います。（ (1) ）には話題となる言葉を、（ (2) ）には話題に対する筆者の主張《しゅちょう》を書きましょう。

（ (1) ）と（ (2) ）は逆《ぎゃく》のことだ。

(1)（十字前後）

個性的であるということ

(2)（十五字前後）

人とちがおうとするということ

② ――線部「そういう振《ふ》るまい」が指す内容《ないよう》を、文中から十字以内でぬき出しましょう。

きをてらうふるまい

〈〈〈 答えは「別冊」の 25 ページに！

くわしい考え方

筆者の主張をまとめる際、字数の条件によって答え方が異なりますが、何が要点かを意識することで、自然と答えが出てきます。

■問題1

冒頭の一文の要点は、「科学がもたらす負の部分があることもわすれてはいけない」であり、それを次の文では「光と影の関係」とくり返しています。この「影」が、「負の部分」とイコールの関係です。

さらに、「公害や薬害」「健康障害や環境破壊」など、「負の部分」の具体例ですので、冒頭の「科学がもたらす負の部分があることも忘れてはいけない」が、筆者の主張。あとは、字数条件により、答え方が二通りになります。

■問題2

①話題は「個性」。ただし「十字前後」なので、「個性的であるということ」。筆者の主張は最後にある「個性的であるということと、人と違おうとするということとは、まったく逆のことなんだ」です。

②指示語はその直前からさがしていきます。どんな振るまいかというと、直前に「わざと変わったことや珍しいことをして自己顕示する」「奇をてらう振るまい」とあります。「十字以内」の方が答えになります。

▶ 52～53ページの答え

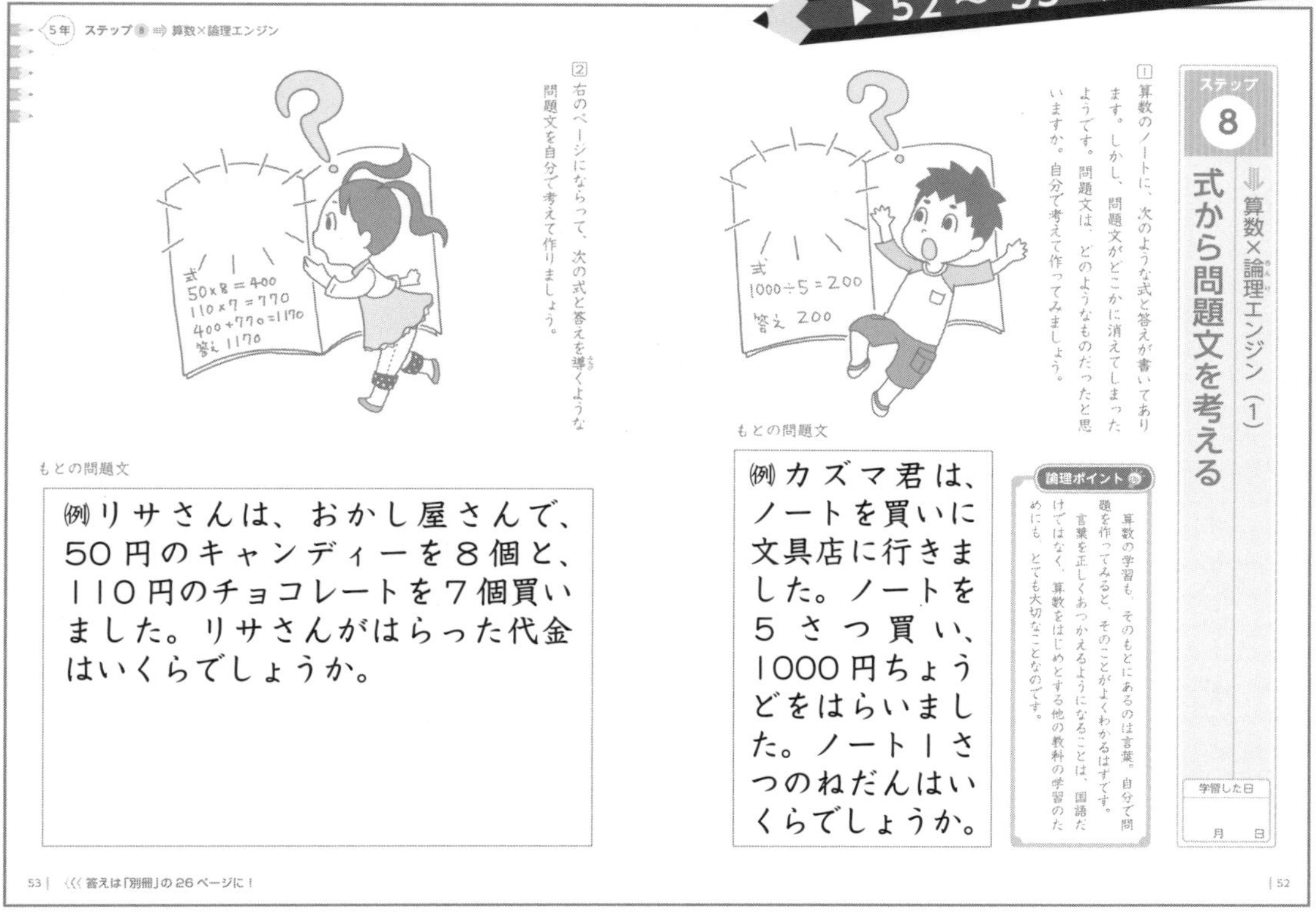

ステップ 8

⇓ 算数×論理《ろんり》エンジン（1）

式から問題文を考える

① 算数のノートに、次のような式と答えが書いてあります。しかし、問題文がどこかに消えてしまったようです。問題文は、どのようなものだったと思いますか。自分で考えて作ってみましょう。

もとの問題文

㊎カズマ君は、ノートを買いに文具店に行きました。ノートを５さつ買い、1000円ちょうどをはらいました。ノート１さつのねだんはいくらでしょうか。

論理ポイント

算数の学習も、そのもとにあるのは言葉。自分で問題を作ってみると、そのことがよくわかるはずです。
言葉を正しくあつかえるようになることは、国語だけではなく、算数をはじめとする他の教科の学習のためにも、とても大切なことなのです。

学習した日
月　日

② 右のページにならって、次の式と答えを導くような問題文を自分で考えて作りましょう。

もとの問題文

㊎リサさんは、おかし屋さんで、50円のキャンディーを８個と、110円のチョコレートを７個買いました。リサさんがはらった代金はいくらでしょうか。

答えは「別冊」の26ページに！

くわしい考え方

学校で学ぶすべての科目は、日本語で論理的に説明してあります。もちろん算数や理科、社会の問題も、日本語で論理的に書いてあります。

「論理エンジン」は実は論理力をきたえるもので、単なる国語の問題集ではありません。そこで、論理力を使って他の教科の問題を解くトレーニングをしていきます。

まずは算数です。算数は算数の言葉（数や記号）で表現されているのですが、その言葉が異なっているだけで、論理的な教科であることに変わりはありません。

まず算数の言葉を、国語の言葉で理解することから始めましょう。

■問題1

算数の言葉である「÷」は、国語の言葉では何でしょうか？ 「分ける」ということですね。たとえば、1000を5つに分けたら、一つは200となります。「÷」の意味を国語の言葉で表現できたら、正解です。

1000円でも、1000個でもかまいません。それを5人で分けたら、一人当たり200円、あるいは200個です。あるいは、ノートを5冊で1000円だと、一冊200円の値段だとわかります。

■問題2

今度は算数の言葉である「×」を、国語の言葉で表す問題です。「倍」という意味ですね。たとえば、1個50円のものを8個買うと、50×8＝400円になります。同じように、110円のものを7個買うと、110×7＝770円です。

さて、次に「＋」ですが、これは「くわえる」「合わせる」ということ。そこで、400円と770円を合わせると1170円になるのを、算数の言葉では

400＋770＝1170

と表現するのです。

54～55ページの答え

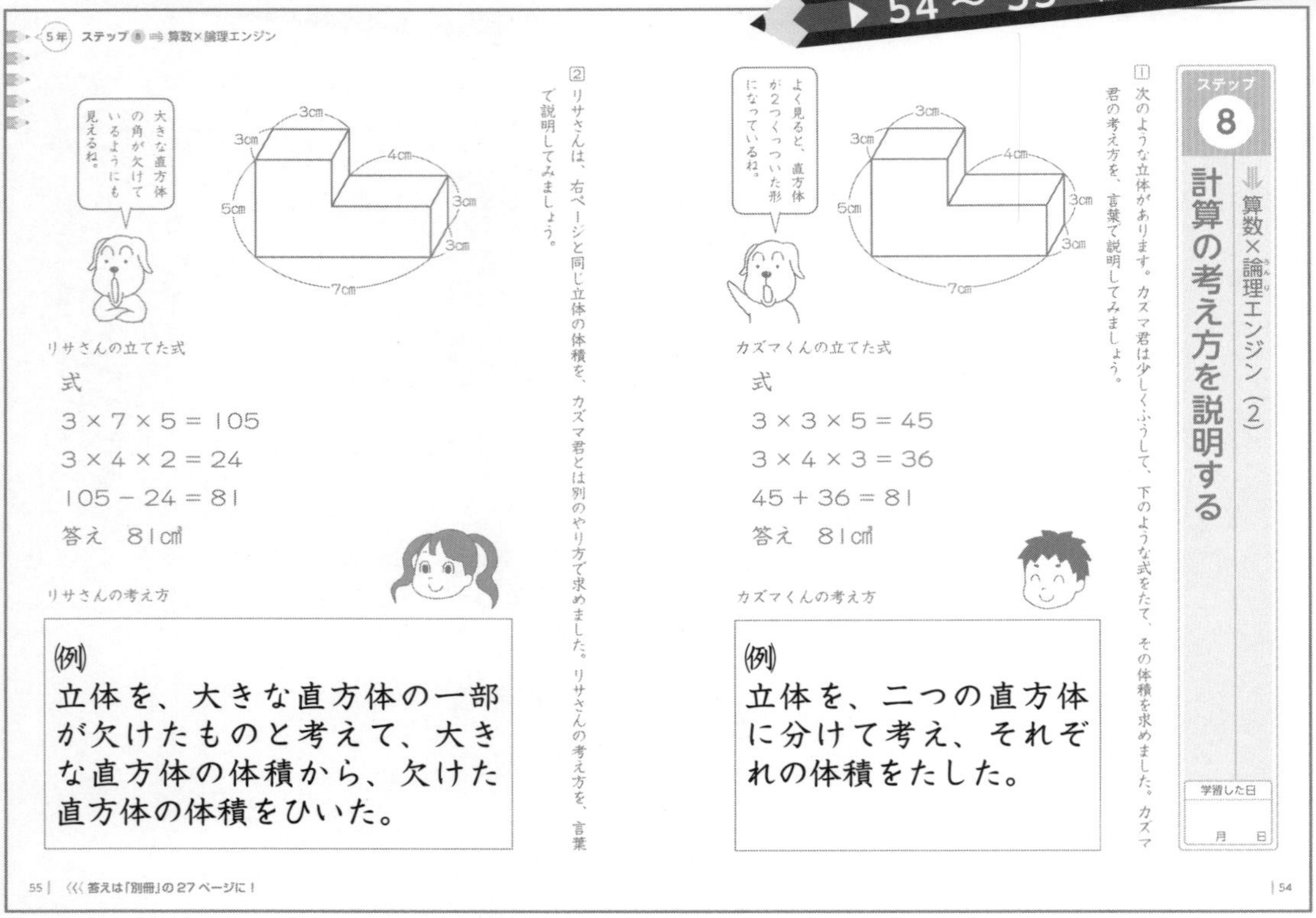

ステップ 8

算数×論理《ろんり》エンジン（2）

計算の考え方を説明する

学習した日　月　日

1 次のような立体があります。カズマ君は少しくふうして、下のような式をたて、その体積を求めました。カズマ君の考え方を、言葉で説明してみましょう。

カズマくんの立てた式

式

3×3×5＝45

3×4×3＝36

45＋36＝81

答え　81㎤

カズマくんの考え方

(例)
立体を、二つの直方体に分けて考え、それぞれの体積をたした。

2 リサさんは、右ページと同じ立体の体積を、カズマ君とは別のやり方で求めました。リサさんの考え方を、言葉で説明してみましょう。

リサさんの立てた式

式

3×7×5＝105

3×4×2＝24

105－24＝81

答え　81㎤

リサさんの考え方

(例)
立体を、大きな直方体の一部が欠けたものと考えて、大きな直方体の体積から、欠けた直方体の体積をひいた。

くわしい考え方

今回も算数の言葉を、国語の言葉で表現する問題ですが、今度は図形の問題です。立体の体積は、たて×横×高さでしたね。

■問題1

図形を見ると、二つの直方体から成り立っていることがわかります。そこで、二つの体積をそれぞれ求めて、合わせればいいのです。それを算数の言葉で表現したのが、「カズマくんの立てた式」です。

問題はカズマがどう考えたかを説明すればいいだけです。直方体の図を二つに分ける縦線を引いてみましょう。

3×3×5＝45　左の縦に長い直方体の体積

3×4×3＝36　右の直方体の体積

45＋36＝81　二つの体積を合わせたもの（合計）

■問題2

今度は大きな直方体全体の体積を求めて、次に欠けている体積を引けばいいとわかります。

3×7×5＝105　全体の直方体の体積

欠けている直方体の高さは5－3＝2　そこで、

3×4×2＝24　欠けている直方体の体積

105－24＝81　全体の体積から、欠けた体積を引いたもの

▶56 ～ 57 ページの答え

ステップ 8

算数×論理《ろんり》エンジン（3）

数字を正しく読みとる

学習した日 月 日

1 次の文を読んで、下の問いに答えましょう。

最初の小惑星《しょうわくせい》が見つかったのは、19世紀最初の日でした。

1801年1月1日、まさに19世紀が始まったその日、イタリアのシチリア島にあるパレルモ天文台で夜空を観測《かんそく》していたジュゼッペ・ピアッツィが、太陽のまわりを回る新しい惑星《わくせい》を発見しました。新惑星《わくせい》はローマ神話の女神の名前からとって、ケレスと命名されました。（略《りゃく》）

ケレス発見は終わりではなく始まりでした。ケレスと同じく火星と木星の間に、つぎつぎと小さな惑星《わくせい》が見つかったのです。1802年にはパラス、1804年にジュノー、1807年にベスタ、

少し間があいて1845年にアストラエア、1847年にヘーベ…ケレスの発見から（ (1) ）年が過《す》ぎた20世紀初めには、見つかった小惑星《しょうわくせい》の数は500個《こ》にもなっていました。（略《りゃく》）

観測技術《かんそくぎじゅつ》の進歩とともに、小惑星《しょうわくせい》のリストはどんどん長くなっていきました。20世紀が21世紀に変わった2001年の初めには12万個《こ》もの小惑星《しょうわくせい》が見つかっていました。さらに10年がたった（ (2) ）年、リストに掲載《けいさい》される小惑星《しょうわくせい》の数は約2倍の23万個《こ》を超《こ》えています。それどころか、とりあえず見つけたけれども、軌道《きどう》をきちんと測定《そくてい》していないのでリストにのせていない小惑星《しょうわくせい》も含《ふく》めると、小惑星《しょうわくせい》の総数《そうすう》は48万個《こ》にもなっています。過去《かこ》10年の観測技術《かんそくぎじゅつ》の進歩が大変急速であったことがわかります。この数はまだまだ増《ふ》えるでしょう。

（松浦晋也《まつうらしんや》『飛べ！ はやぶさ 小惑星探査機《たんさき》60億キロ奇跡《きせき》の大冒険《だいぼうけん》』学研教育出版 より）

① 小惑星《しょうわくせい》アストラエアは、小惑星《しょうわくせい》ケレスの何年後に発見されましたか。計算式と答えを書きましょう。

式

1845−1801＝44

答え

44 年後

② （ (1) ）に入る数字を次から選び、記号に丸をつけましょう。

ア 10年

イ 50年

（ウ） 100年

エ 200年

③ （ (2) ）に入る4けたの数字を答えましょう。

2011

④ 発見された小惑星《しょうわくせい》の総数《そうすう》は、2011年には2001年の何倍になっていますか。ただし、リストにのせていない小惑星《しょうわくせい》もふくめます。

4 倍

＜＜＜ 答えは「別冊」の28ページに！

くわしい考え方

今度は国語の言葉を、算数の言葉で表現する問題です。国語も算数も論理的に考える力を試していることは同じで、要は国語の言葉で考えるか算数の言葉で考えるかの違いです。

■問題1

①文章の要点をぬき出します。最初に発見された小惑星はケレスで、1801年です。その後、観測技術の進歩とともに、小惑星がどんどん見つかっていきます。アストラエアが発見されたのは、1845年とあります。そこで、

1845 − 1801 ＝ 44

最初の小惑星ケレスが発見されてから44年後に、小惑星アストラエアが発見されたのです。

②空所の前後を確認します。直前では「ケレスの発見から」とあるので、1801年です。直後には20世紀初めとあるので、1900年初めのことです。では、何年たったかというと、算数の言葉は「−」ですね。

1900 − 1801

なので、ほぼ100年が経っています。

③直前に「さらに10年がたった」とあります。2001年から10年が経ったわけなので、算数の言葉では「＋」です。そこで、

2001 ＋ 10 ＝ 2011 年です。

④2001年に見つかっていた小惑星の数は12万個、それに対して、2011年の小惑星の数は、リストにのせていない小惑星を含めると、48万個。そこで、「何倍か」を求めるには、算数の言葉では「÷」ですね。

48 ÷ 12 ＝ 4

なので、答えは4倍となります。

▶58～59ページの答え

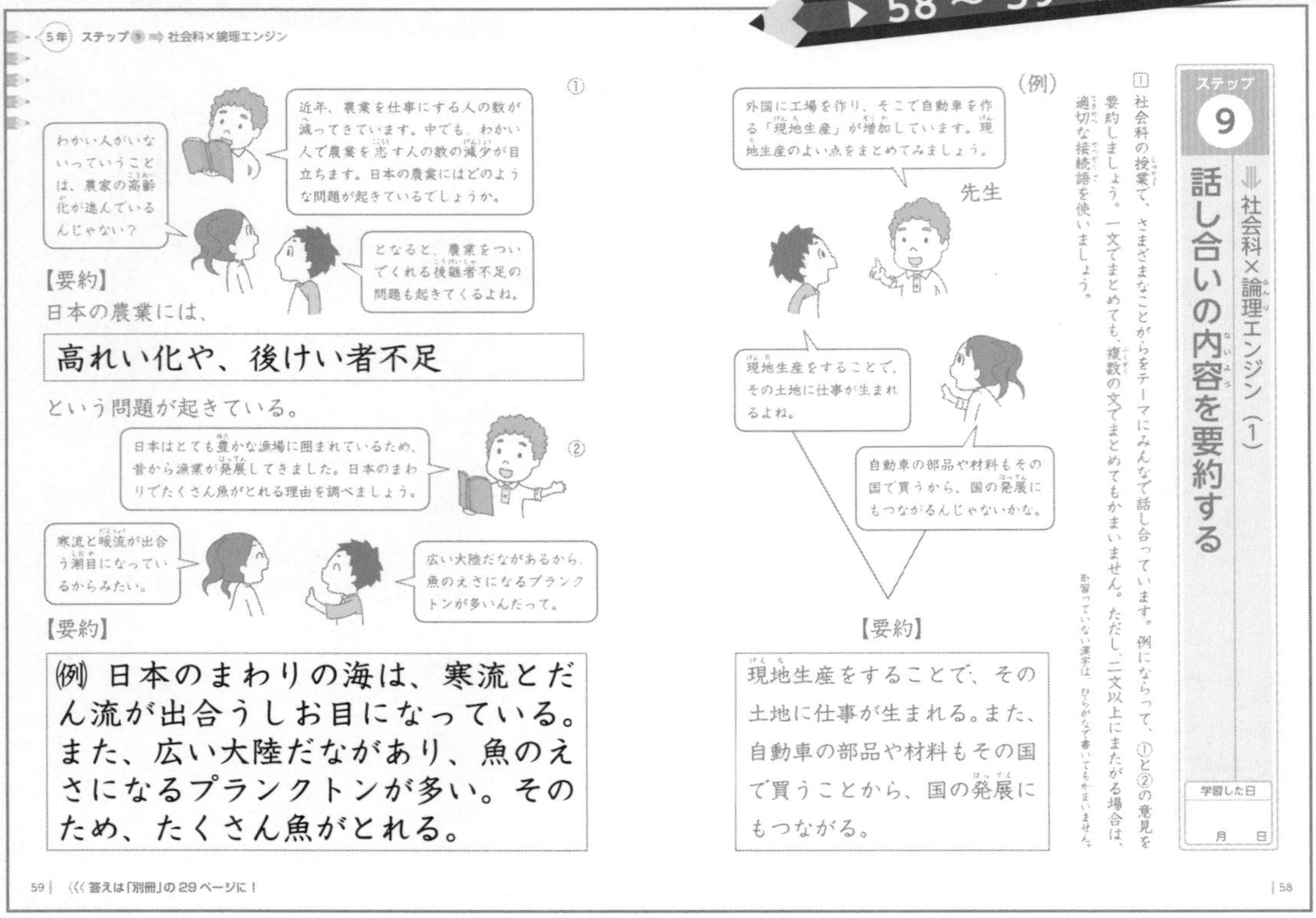

ステップ 9

⇓社会科×論理《ろんり》エンジン（1）

話し合いの内容《ないよう》を要約する

学習した日　月　日

1 社会科の授業《じゅぎょう》で、さまざまなことがらをテーマにみんなで話し合っています。例にならって、①と②の意見を要約しましょう。一文でまとめても、複数《ふくすう》の文でまとめてもかまいません。ただし、二文以上にまたがる場合は、適切《てきせつ》な接続語《せつぞくご》を使いましょう。

※習っていない漢字は、ひらがなで書いてもかまいません。

（例）

【要約】

現地《げんち》生産をすることで、その土地に仕事が生まれる。また、自動車の部品や材料もその国で買うことから、国の発展《はってん》にもつながる。

①

【要約】

日本の農業には、

高れい化や、後けい者不足

という問題が起きている。

②

【要約】

㈲ 日本のまわりの海は、寒流とだん流が出合うしお目になっている。また、広い大陸だながあり、魚のえさになるプランクトンが多い。そのため、たくさん魚がとれる。

くわしい考え方

今度は社会科の問題です。「論理エンジン」で論理力を身につけると、すべての科目に対応できる力がついてきます。さらにそれだけでなく、どの教科を勉強するにもただ暗記するのではなく、言葉で理解できるようになります。

■問題1

社会科は特に原因や理由があって結果がある、という関係をつかまえることが大切です。「AだからB」という関係で、AがB（結論）の原因や理由になります。

特にわかい人で農業を志す人が減っている（A）だから、B（結論）。

B（結論）にあたるものを、次に2つ述べていますが、その要点は、①「高齢化」、②「後継者不足」です。

■問題2

今度は「AだからB」のA（理由）にあたる箇所をまとめます。

B（結論）にあたるのは、「日本のまわりではたくさん魚がとれる」。

その理由（A）は、①「寒流と暖流が出合う潮目になっているから」、②「広い大陸だながあるから、魚のえさになるプランクトンが多い」。

理由を表す助詞の「から」を使っていることに注意します。あとは、2つの文を1つにまとめるだけです。

ステップ 9

⥥ 社会科×論理《ろんり》エンジン (2)

調べたことを発表する

1 社会科の授業《じゅぎょう》で、「気候をいかしたくらし」について調べて発表することになりました。そこでカズマくんは、寒さがきびしい北海道の家のつくりについて調べました。そして、わかったことをメモ（A）にまとめ、（A）をもとに発表用の原稿《げんこう》（B）を作成しました。
（B）の（　　）に入る内容《ないよう》を、（A）をもとに考えて書きましょう。ただし、（A）の内容《ないよう》はすべて入れ、必要に応《おう》じて適切《てきせつ》な接続語《せつぞくご》を使うこととします。

学習した日　　月　　日

（A）わかったことのメモ

【くふう①】ガラスまどやげんかんのドアが二重になっている。

【理由】寒さが家の中に入りこむのを防《ふせ》ぐため。

【くふう②】かべやゆかに断熱材《だんねつざい》を入れている。

【理由】熱がにげないようにするため。

【くふう③】屋根の角度が急になっている。

【理由】ふり積もった雪がすべり落ちやすくするため。

【くふう④】土がこおらないところに水道管を通している。

【理由】水道管がこおらないようにするため。

（B）発表用の原稿《げんこう》

北海道の家には、冬の寒さをしのぐためのさまざまなくふうがこらされています。(例)
まず、（寒さが家の中に入りこむのを防ぐためにガラスまどやげんかんのドアが二重になっています。また、熱がにげないようにするためにかべやゆかに断熱材を入れています。さらに、ふり積もった雪がすべり落ちやすくするために屋根の角度が急になっています。）
そして、水道管がこおらないように、土のこおらないところに水道管を通しています。

 ≪≪答えは「別冊」の30ページに！

くわしい考え方

なぜメモを作るのでしょうか？

自分の頭に浮かんだことをただ書くだけでは、論理的な文章はできません。書きたいこと（要点）を整理し、論理的に書くようにするためには、メモが大変役に立つのです。

■問題1
「北海道の家には、冬の寒さをしのぐためのさまざまなくふうがこらされています」が、「筆者の主張」。次に、その「さまざまなくふう」が4つ、具体的な理由とともに述べられています。

そこで、「～ため」と、理由を表す助詞を使いましょう。

さらに、くふうは全部で4つあるので、「まず」「また」「さらに」「そして」という言葉を使い、付け加えていきます。こうやって、メモを使って書きたいことを整理してから、論理的な文章を書いていきます。

▶62～63ページの答え

ステップ 9

⇓社会科×論理《ろんり》エンジン（3）

説明文を完成させる

学習した日　月　日

① 環境《かんきょう》保護を目的として定められた法律《ほうりつ》に、「容器包装《ようきほうそう》リサイクル法（容器包装《ようきほうそう》に係る分別収集《しゅうしゅう》及び再《さい》商品化の促進《そくしん》等に関する法律《ほうりつ》）」（1997年4月施行《しこう》・2006年改正）と「家電リサイクル法（特定家庭用機器再《さい》商品化法）」（2001年4月施行《しこう》）があります。①と②のキーワードを、後の（　　）に合う形で一文にまとめ、それぞれの法律《ほうりつ》の説明文を完成させましょう。

※習っていない漢字は、ひらがなで書いてもかまいません。

①容器包装《ようきほうそう》リサイクル法

【キーワード】
- かん、ペットボトル、びん
- 容器《ようき》や包装《ほうそう》類
- 製造者《せいぞうしゃ》、利用者、国や自治体
- それぞれの立場
- 再《さい》利用を進める

【法律《ほうりつ》の説明文】

容器包装《ようきほうそう》リサイクル法とは、
（**かん、ペットボトル、びんなどの容器や包そう類を、製造者、利用者、国や自治体が、それぞれの立場で再利用を進める**）
ために定められた法律《ほうりつ》である。

②家電リサイクル法

【キーワード】
- 冷蔵庫《れいぞうこ》、エアコン、テレビ、洗濯機《せんたくき》など
- 特定の家庭電化製品《せいひん》を対象
- 処分《しょぶん》するとき
- かかる費用
- 消費者が負担《ふたん》する

【法律《ほうりつ》の説明文】

家電リサイクル法とは、
（**冷ぞう庫、エアコン、テレビ、せんたく機などの特定の家庭電化製品を対象に、処分するときにかかる費用を、消費者が負担する**）
ことを定めた法律である。

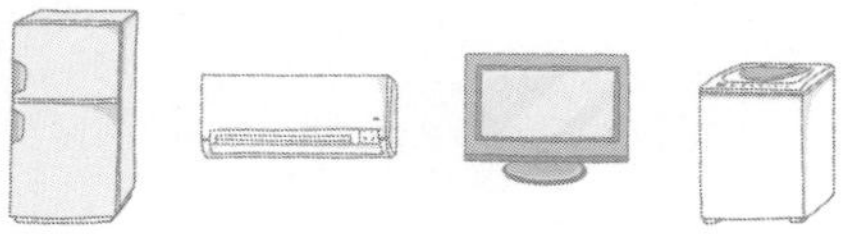

くわしい考え方

まず一文で書かなければならないことに注意します。そのためには主語と述語をしっかりと書きましょう。

■問題1

一文の要点は「容器包装リサイクル法とは、～ために定められた法律である」です。理由を表す助詞「ため」があるので、容器包装リサイクル法が何のために定められた法律であるのか、それを「キーワード」を使って論理的に書きます。

それぞれの「キーワード」の関係を考えると、「製造者、利用者、国や自治体」が主語で、「再利用を進める」が述語、「それぞれの立場」は「再利用を進める」につながります。

「かん、ペットボトル、びん」は、「容器や包装類」の具体例。そこで、「かん、ペットボトル、びんなどの容器や包装類を」としましょう。あとは、「再利用を進める」につながります。

ここでも「言葉のつながり」を意識しましょう。

■問題2

「家電リサイクル法とは～ことを定めた法律である」と、一文の枠組みは決まっています。あとは、「キーワード」を並べ替えて文にするだけです。

「冷蔵庫、エアコン、テレビ、洗濯機など」は、「特定の家庭電化製品」の具体例です。あとは、「処分するときにかかる費用を消費者が負担する」と、語句をつなげる助詞の使い方に注意しましょう。

ここでも語句を並べ替えて一文を作成するトレーニングが役に立ちます。